0〜5歳児まであそべる

新沢としひこの

手あそびクルリンパ!

指導計画に生かせる「保育のねらい」つき

新沢としひこ／著

Gakken

はじめに

あそびって何？

英語でお芝居をすることをプレイ（PLAY）と言います。スポーツもプレイです。楽器を演奏することもプレイです。そしてあそびもプレイです。楽しんだり、表現したり、行動したりする、いろいろなことが総合的にプレイなわけです。僕はこの考え方がとても好きです。

日本語で「あそぶ」というと、もっと狭い意味になりがちです。「仕事や勉強をしないであそんでばっかり」とよく言われるように、怠けるとか、休むというような意味も含めて「あそぶ」としたり、ただ楽しいだけの「ふざける」とか「はしゃぐ」の意味合いが強かったり。

本来は、「あそぶ」とは、もっとクリエイティブなものだと、僕は思っています。「あそぶ」には、まじめな部分も、真剣な部分も、たくさんあるのです。子どもたちにとって、いや人間にとって、そのような「あそび」はとても重要なのです。僕は人間の脳にとって、そして身体にとって、いちばんよい刺激になるのが「あそび」だ、と思っているのです。

と、大げさなことを書きましたが、「あそび」にはいろいろな要素が詰まっているということを、皆さんにわかってもらいたいと、僕は思うのです。

まずひとつ、自分の身体との出会い

この本にはたくさんの手あそび、指あそびが掲載されています。手や指、そして身体のいろいろな部分、そして全体を使ったあそびがたくさん出てきます。本を眺めて、「そうか、そういうあそびか」などとわかったような気になってはいけません。実際に、身体を動かしてみるということが、とても大切です。動かしてみて、初めて気がつくということはたくさんあります。身体の動きというのは、神経を通した筋肉と脳の連係プレイですから、その連係ができていないとうまくいきません。とても簡単な指の動きでも、自分では思うようにいかなかったりします。ところが、繰り返してやってみると、脳がその連係を覚えて、だんだんできるようになったりするのです。だんだんできるようになる喜びというのは、スポーツが上達するような喜びと同じです。身体は学習して発達していくのです。その過程は、実はとってもおもしろいのです。乳幼児期は、身体や脳が毎日めざましく発達していきますから、いろいろなものをどんどん吸収し習得していきます。

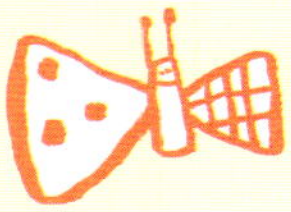

子どもが英単語をひとつ覚えたりすると、大人はとても喜んだりしますが、指あそびがひとつできたりすることも、実はとっても大切なんですよ。

自分ではない誰かとの出会い

この本には、ふれあってあそぶものもたくさん出てきます。このふれあいというものが、実はとても複雑で、深淵で、重要なものなのです。手と手をふれあうだけで、人間というのは、たくさんの情報を交換しているのです。それは体温とか湿度とか感触とか握力とか、そして気分とか感情とか、本当にはかりきれないくらいのたくさんのことを、受け止めたり発したりしているのです。ふれあってあそぶということは、そういったコミュニケーションのレッスンをしていることと同じです。たとえば、手を合わせて相手と軽く押し合ったとき、「ああ、自分ではない人も、自分と同じように押してくるんだな」ということが、理屈ではなく、自然に感じ取れたりするのです。自分以外の人間にも「気持ち」というものがある、ということを自然に理解するというのは、実は高度なことです（そういうことがあまりできないまま大人になった人もたくさんいます）。

たとえなんでもない、とても簡単なあそびでも、相手とふれあうということは、さまざまな心の交流をしているということでもあります。言葉だけで「仲よくしなさい。相手を理解しなさい」などと言っても、無意味だったりします。たくさんあそべば、理解しあって、友達になっていくのです。

そして実は理屈ではない

堅くて、まじめなことを書いてしまったので、あそびは面倒なものだな、と思ってしまった人もいるかもしれません。今まで書いたことは、実は後からついてくる理屈に過ぎません。大事なことは、ただ楽しんで「あそぶ」ということなんですね。この、「楽しむ」という要素が、とても大切です。身体の発達とか、コミュニケーションの重要性などというのは、頭の片隅のほうに、置いておいてくれればいいのです。子どもたちとちゃんと楽しんであそぶ。それに限ります。ただあそんでいれば、いろいろなものはついてくるのです。

子どもたちと楽しい時間を過ごすきっかけに、この本がちょっとでもお役に立てれば幸いです。

新沢としひこ

もくじ

この本は、2009年から2010年に月刊「ピコロ」で連載された内容に加筆、再構成したものです。

この本の使い方

- 新沢としひこさんのオリジナル手あそび曲を24曲掲載しています。
- あそび方のバリエーションも紹介しているので、実際にはもっともっとたくさんの手あそびが載っていることに！
- 「保育のねらいはココ！」をはじめ、便利な情報も満載です。
- CD

巻末に全曲を収録したCDが付いています。本書に掲載した手あそび歌全24曲を、CDをかけてあそぶことは少ないと思いますが、オリジナル曲を保育者自身が覚えるのにはたいそう役立ちます。

保育のねらいはココ！

それぞれの手あそびの「ねらい」を、年齢別にまとめました。指導計画を立てるとき、月案、週案などを書くときの参考にもなります。数字は対象となる年齢を示しています。

CDマーク

付録のCDの曲順は、本文の順番に沿っています。この数字がトラック番号ですので、頭出しのときにも活用してください。

基本のあそび方

それぞれの曲の基本のあそび方。数字は対象年齢で、ここでは概要を示し、次のページから具体的なあそび方をイラストでわかりやすく解説しています。

かかわりポイント

保育者としての配慮点やアドバイスはここに。子どもとあそぶ前にぜひ読んでおいてください。

ハイ！ ハイ！ ゆびくん CD 1

歌に合わせて、順に指を出していくあそびです。リーダーのまねをしたり、2人組になったり、赤ちゃんにあそんであげたり、年齢や場面によって、いろいろなアレンジが楽しめます。

保育のねらいはココ！

0 1 2

■保育者にあそんでもらう心地よさを感じることが、「もっとやってほしい」というかかわりを求める姿につながります。

■保育者のしぐさをまねることが楽しい時期です。まねしやすいしぐさに変えたり、子どものペースに合わせてゆっくり歌ったりして、「できる」うれしさに共感します。

3 4 5

■保育者の代わりにリーダーになり、その役割を楽しみます。

■出しにくい指があることを感じ、自分の体なのに、思うように動かせない不思議さや、おもしろさを体験します。

基本のあそび方 2 3 4 5

最初の2小節はリーダーがやります。続けて、みんなでリーダーのまねをしましょう。2番は人差し指、3番は中指というように、指を替えて1番と同様にあそびましょう。

ハイ！ ハイ！ ゆびくん

作詞・作曲／新沢としひこ
©ask music

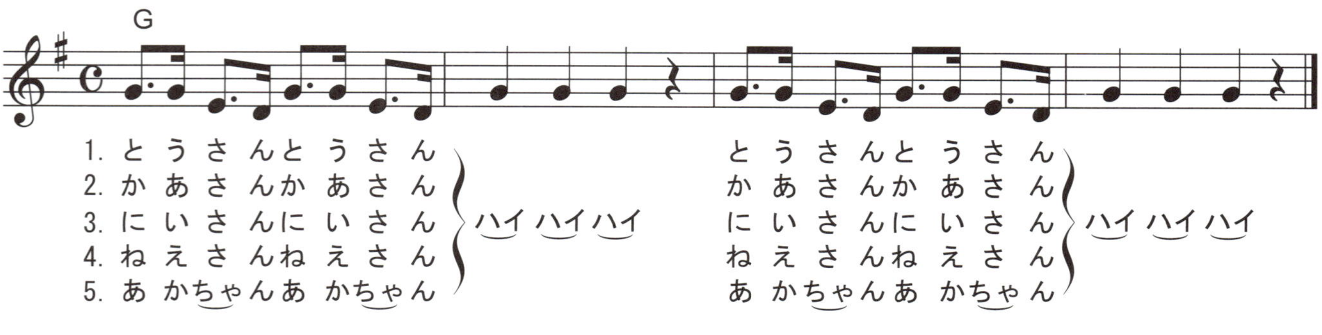

G
1. とうさんとうさん ハイ ハイ ハイ とうさんとうさん ハイ ハイ ハイ
2. かあさんかあさん
3. にいさんにいさん
4. ねえさんねえさん
5. あかちゃんあかちゃん

基本のあそび方

1番

リーダー

1 ♪とうさん

右手の親指を出します。

2 ♪とうさん

左手の親指を出します。

3 ♪ハイハイハイ

両方の親指を左右に振ります。

みんな

4 ♪とうさん

リーダーをまねて、右手の親指を出します。

5 ♪とうさん

左手の親指を出します。

6 ♪ハイハイハイ

両方の親指を左右に振ります。

2番

1 ♪かあさん

右手の人差し指を出します。

3番

1 ♪にいさん

右手の中指を出します。

4番

1 ♪ねえさん

右手の薬指を出します。

5番

1 ♪あかちゃん

右手の小指を出します。

※2～5番も、それぞれ1番と同様にあそびます。

かかわりポイント

- 最初は保育者がリーダーになって、あそびます。慣れてきたら、4～5歳児は、子どもたちの中でリーダーを決めてもいいでしょう。
- 2～3歳児は、うまく出せない指がありますが、子どもが出しているつもりであれば、できることにこだわらず、あそびを進めて楽しさを共有します。

アレンジ1 0 1 2

子どもの手の指に順番に触っていきます。次第につんつんと触られる感触を期待して、指を広げて待つようになるでしょう。

1 ♪とうさん

2 ♪とうさん

歌詞に合わせて、子どもの指に、順番に軽くつつく感じでふれていきます。

3 ♪ハイハイハイ

手拍子をしたり、月齢の高い子なら互いに手を合わせたりします。

かかわりポイント

- 0歳児の低月齢児は、指に触らず、あやしあそびの要領で、おなかや手足を軽くつつくように触るだけでいいでしょう。
- 繰り返しあそぶことで、だんだんと自分から働きかけて楽しもうとする姿を引き出しましょう。

アレンジ2 1 2

「お返事あそび」として楽しみましょう。生活発表会に応用するのもオススメです。

1 ♪○○ちゃん

2 ♪○○ちゃん

保育者が子どもの名前を入れて歌います。

3 ♪ハイハイハイ

子どもが返事をします。

かかわりポイント

- 一人一人、返事の仕方は違います。それぞれの返事を大事に受け止めましょう。
- 低月齢児の場合、友達の名前にも「ハイハイハイ」と返事する子がいるでしょう。返事をするうれしさに共感する対応が大事です。

アレンジ3

3 4 5

リーダーがいろいろと指の組み合わせを変えて、それをまねしてあそびましょう。4～5歳児は、リーダー役も子どもにやってもらいます。

その1

1 ♪とうさん

右手の親指を出します。

2 ♪かあさん

左手の人差し指を出します。

3 ♪ハイハイハイ

親指と人差し指を左右に振ります。

その2

1 ♪かあさん

右手の人差し指を出します。

2 ♪あかちゃん

左手の小指を出します。

3 ♪ハイハイハイ

人差し指と小指を左右に振ります。

かかわりポイント

●リーダー役は、出す指を考える楽しさが加わります。どの指にするかあらかじめ考えてから始めるように声をかけておきましょう。

アレンジ4

4 5

2人組になって向い合って座り、お互いの指を合わせてみましょう。

1 ♪とうさん

1人は右手、もう1人は左手の親指を出し、合わせます。

2 ♪とうさん

反対の手の親指を出し、合わせます。

3 ♪ハイハイハイ

リズムに合わせて、二人の親指を打ち合わせます。

かかわりポイント

●出しにくい指も友達と合わせると、出しやすくなることもあります。友達と協力することのすばらしさが感じられることでしょう。

つまんだよ

CD 2

保育のねらいはココ！

0 1 2

- ■つままれる心地よさと、アイコンタクトを通したやり取りを楽しみます（0歳児）。
- ■体の部位とその名称を知り、認識を高めます（1歳児4か月ころから）。

3 4 5

- ■友達同士でつまみっこして、人によってつまみ方が違うことや、「優しくつまむ」ことの難しさを体験します。
- ■子どもたち自身でアレンジしてあそびを広げていきます。

子どもの体を優しくつまんであそびます。体のいろいろな所をつまんで、子ども一人一人のお気に入りを探しましょう。

基本のあそび方　0 1 2 3

1対1で向き合い、保育者が子どもの体を優しくつまんであそびます。

つまんだよ

作詞・作曲／新沢としひこ

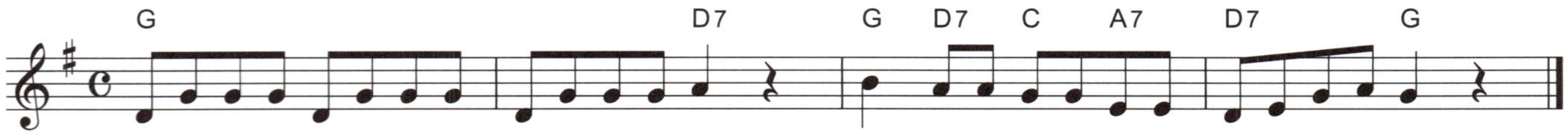

つまんだつまんだ　つまんだよ

1.なんておみみは
2.なんてほっぺは
3.なんておなかは
4.なんてひーざは
5.なんておしりは
6.なんてせなかは
7.なんてかーたは

やわらかい

基本のあそび方

1 番

♪つまんだ　つまんだ　つまんだよ
なんて　おみみは　やわらかい

子どもと向かい合わせになり、歌に合わせて子どもの耳を優しくつまみます。

2 番

♪つまんだ　つまんだ　つまんだよ
なんて　ほっぺは　やわらかい

1番と同様にして、ほっぺを両手でつまみます。

3 番

♪つまんだ　つまんだ　つまんだよ
なんて　おなかは　やわらかい

同様におなかを両手でつまみます。

かかわりポイント

- 登園時や、午睡から起きたときなど、1対1でかかわる時間を使ってあそぶといいでしょう。
- 3回目の「♪つまんだよ」の後、楽譜では1拍の休符ですが、2拍にしたり、八分休符くらいにしたり、「間」を工夫して、わくわく感を高めると盛り上がります。

アレンジ1　0 1 2 3

歌詞の一部を変えて、子どものいろいろな体の部分をつまんであそんでみましょう。

アレンジ2　2 3

あそびに慣れてきたら、保育者と子どもが交代してあそんでみましょう。

かかわりポイント

アレンジ1

- 11ページの「かかわりポイント」で紹介したように、ここでも、つまむ前の「間」を工夫して、「わくわくドキドキ」を盛り上げましょう。
- 1歳4か月くらいになると、体の部位と名前が徐々に一致して、保育者からの「○○はどこ?」の問いに、指をさして答えるようになります。歌い始める前に、「○○ちゃんのお耳はどこかかな?」といったやり取りを楽しみましょう。
- 2歳児以上であれば、銘々が自分の体をつまむあそびでも楽しめます。その場合、保育者が大きな動きで、まねしやすいように見せるといいでしょう。

アレンジ2

- 行事のときなど親子で楽しんでもいいでしょう。

アレンジ3 3 4 5

友達と2人組であそぶこともできます。

かかわりポイント

- 相手が痛くないようにつまむことがポイントです。つままれてどうか、痛くないかなど話しながらあそんでいきましょう。
- あそんだ後に、「どんな感じだったか」聞く機会を作り、人によってつまみ方が違うことを感じ、言葉にして表現していけるよう、やり取りを工夫しましょう。

アレンジ4 4 5

みんなで輪になって座り、隣の人の耳やほっぺ、おなかを片手でつまみましょう。5歳児なら、「1番は右手、2番は左手、3番も左手」とつまむ手を指定するゲーム感覚で楽しむのも盛り上がります。

かかわりポイント

- 「つまむこと」と「つまれること」が同時に行われます。どちらかに気をとられがちになるかもしれません。子どもたちの様子を見ながら進めていくといいでしょう。

ケンケンケロンパ

CD 3

歌に合わせて、ケンパであそびます。少しずつ動きを変えたり、加えたりして楽しみましょう。

保育のねらいはココ！

2

- ■やっているつもりになって、ケンパあそびを楽しみます。
- ■繰り返しあそびながら、少し難しいことにも挑戦してみます。

3 4 5

- ■いつも跳び慣れている軸足を替えて感じる違和感を通して、自分の体を知ることができます。
- ■少し難しいことに挑戦し、達成感を感じます。

基本のあそび方 3 4 5

片足ケンケンと両足を開いたパーを組み合わせて、全身を使ってあそびます。

ケンケンケロンパ

作詞・作曲／新沢としひこ

C
G7
G7
C
1. ケン ケン ケ ロ ン パ ケ ロ パッ パ ケン ケン ケ ロ ン パ ケ ロ パッ パ
2. グル グル グ ル ン パ グ ル パッ パ グル グル グ ル ン パ グ ル パッ パ
3. ペニョ ペニョ ペ ニョ ン パ ペ ニョ パッ パ ペニョ ペニョ ペ ニョ ン パ ペ ニョ パッ パ

基本のあそび方

1番

1 ♪ケンケンケロン

歌に合わせて、その場でケンケン跳びをします。

2 ♪パ

両手足を大きく開いてポーズを決めます。

3 ♪ケロ

ケンケン跳びを1回します。

4 ♪パッパ

両手足を開いて、そのまま２回ジャンプし、ポーズを決めます。

5 ♪ケンケンケロンパケロパッパ

ケンケン跳びの軸足を反対の足に替えて、１～４を繰り返します。

かかわりポイント

●いつもと反対の足を軸足にして跳ぶのが難しい場合は、替えずに慣れている足で行ったり、手の動きはせずに足だけで行ったりしても構いません。一人一人の様子を確認しながら、声をかけていきましょう。

2番

1 ♪グルグルグルン

歌に合わせて、かいぐりをしながらケンケン跳びをします。

2 ♪パ

両手足を開いてポーズを決めます（1番と同じ）。

3 ♪グル

かいぐりをしながら、ケンケン跳びを1回します。

4 ♪パッパ

両手足を開いて、そのまま2回ジャンプし、ポーズを決めます（1番と同じ）。

5 ♪グルグルグルンパグルパッパ

ケンケン跳びの軸足を反対の足に替えて、1～4を繰り返します。

3番

1 ♪ペニョペニョペニョン

歌に合わせて、両手をひらひらさせながらケンケン跳びをします。

2 ♪パ

両手足を開いてポーズを決めます（1番と同じ）。

3 ♪ペニョ

両手をひらひらさせながら、ケンケン跳びを1回します。

4 ♪パッパ

両手足を開いて、そのまま2回ジャンプし、ポーズを決めます（1番と同じ）。

5 ♪ペニョペニョペニョンパペニョパッパ

ケンケン跳びの軸足を反対の足に替えて、1～4を繰り返します。

アレンジ1

2

手の動きはやらないで、足だけでやってみましょう。

かかわりポイント

●まだケンケン跳びが難しく、両足跳びになっている子もいますが、子どもはケンケン跳びのつもりです。子どもの「つもり」を大事にしましょう。認めていくことが次につながります。

アレンジ2

3 4 5

1小節目の歌詞を変えて、それに合った振りをつけてみましょう。

♪パンパンパパン

リズムに合わせて、手拍子をしながらケンケン跳びをします。

♪トントントトン

リズムに合わせて、両手で肩をたたきながらケンケン跳びをします。

アレンジ3

3 4 5

最後の「♪パッパ」のところを工夫してみましょう。

♪パッパ

手を使っておもしろい表情や動作をし、ポーズをアレンジしてみましょう。

かかわりポイント

アレンジ2

●ケンケン跳びに慣れてくると、手でいろいろな動きができるようになってきます。子どもたちと相談しながら、動きを考えていきましょう。

アレンジ3

●2人組になって、にらめっこあそび風にしても楽しいです。

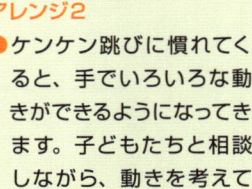

くすぐったいうた

CD 4

保育のねらいはココ！

0 1 2

■語感のおもしろい言葉を聞いて楽しみます。
■くすぐられる楽しさを通して、心身の開放感を味わいます。
■保育者と歌を使ったコミュニケーションを楽しみます。

3 4 5

■語感の楽しい歌をうたって楽しみます。
■くすぐる役、くすぐられる役それぞれのわくわく感を友達と共有します。
■相手の気持ちや様子に気をつけて、くすぐる強さを変えながら、コミュニケーションをはかる経験をします。
■保管が楽しい言葉を友達と考え合って、あそびを作るような楽しさを感じ合います。

体をくすぐり合ってコミュニケーションを楽しむあそびです。０～２歳児の低年齢児は保育者と、３～５歳児の幼児は友達とやり取りを楽しみましょう。

基本のあそび方　3 4 5

２人組になり、１番ごとに役を交代しながらくすぐり合います。

くすぐったいうた

作詞・作曲／新沢としひこ

基本のあそび方

1番

♪モンジョコリン　モンジョコリン
くすぐったいのは　モンジョコリン

歌に合わせて、わきの下をこちょこちょくすぐります。くすぐられるほうは、両手を頭の後ろで組みましょう。

2番

♪ツッピントン　ツッピントン
くすぐったいのは　ツッピントン

役を交代し、わきの下を人差し指でつっついてくすぐります。

3番

♪ゴリゴロラン　ゴリゴロラン
くすぐったいのは　ゴリゴロラン

役を交代し、わきの下をこぶしでごろごろくすぐります。

4番

♪モミニョンニョン　モミニョンニョン
くすぐったいのは　モミニョンニョン

役を交代し、わきの下をてのひらでもむようにしてくすぐります。

かかわりポイント

- 「モンジョコリン」「ツッピントン」などの語感のおもしろい歌詞が出てきます。まずは、歌をうたうことから始めてもいいでしょう。
- 体に触るやり取りは、高度なコミュニケーションです。相手の様子を通して、どんな気持ちなのかをイメージしながら、やり取りするよう声をかけていきましょう。

アレンジ1　0 1 2

保育者が子どもにやってあげる「あそばせあそび」としても楽しめます。

1番

♪モンジョコリン　モンジョコリン
　くすぐったいのは　モンジョコリン

保育者が子どものおなかをくすぐります。

2番

♪ツッピントン　ツッピントン
　くすぐったいのは　ツッピントン

おなかを人差し指でつっついてくすぐります。

3番

♪ゴリゴロラン　ゴリゴロラン
　くすぐったいのは　ゴリゴロラン

おなかをこぶしでごろごろくすぐります。

4番

♪モミニョンニョン　モミニョンニョン
　くすぐったいのは　モミニョンニョン

おなかをてのひらでもむようにしてくすぐります。

かかわりポイント

- わきの下を触られることを好まない子もいます。まずはおなかから始めてみましょう。
- 子どもの表情をよく見ながら、体のいろいろな部分をくすぐってみましょう。
- あそびに慣れてきたら、子どもが保育者をくすぐってあそぶのも楽しいです（2 歳児）。

アレンジ2

3 4 5

「♪モンジョコリン」の部分をおもしろい響きの言葉にしたり、くすぐり方を工夫したりしてバリエーションをどんどん増やしていきましょう。

♪ファラファッファー　ファラファッファー
くすぐったいのは　ファラファッファー

指先で相手の体を触るか触らないかくらいのタッチで、くすぐってみましょう。

♪ビリビリピン　ビリビリピン
くすぐったいのは　ビリビリピン

手で体をぶるぶる振動させます。

かかわりポイント

●あそびが楽しくなると子どもたちからいろいろなアイディアが生まれてきます。子どもたちのアイディアをあそびに反映させていきましょう。

♪ペタリーニョ
ペタリーニョ
くすぐったいのは
ペタリーニョ

いろいろな所を、手でぺたぺたと触ります。

♪チョマチョマリン
チョマチョマリン
くすぐったいのは
チョマチョマリン

いろいろな所を、指先でつまみます。

♪スーリッチョ
スーリッチョ
くすぐったいのは
スーリッチョ

いろいろな所を、指先ですーっと線をかくようになぞります。

ねぼすけとうさん

CD 5

指の家族がだんだん起きてくるあそびです。年齢や発達に応じて難易度を上げたり、見るあそびにアレンジしたりして、繰り返し楽しみましょう。

保育のねらいはココ！

0 1 2

■1本ずつ指先を触られることで、指先への刺激が高まります。
■保育者がやることをまねして楽しみます（1，2歳児）。
■繰り返しあそぶことで、指とその指の名称が結びつくようになります（2歳児）。

3 4 5

■少しずつ難しいあそび方にチャレンジする楽しさと、達成感を味わいます。
■難しいあそび方を通して、自分の指でも思うようには動かせないという体の不思議を感じます。

基本のあそび方　3 4 5

歌に合わせて指を1本ずつ立てていきます。お話を楽しむようにあそんでいきましょう。

ねぼすけとうさん

作詞・作曲／新沢としひこ

基本のあそび方

1 ♪おかあさんが　おはよう

歌に合わせてゆっくり人差し指を立てます。

2 ♪おにいさんが　おはよう

人差し指を立てたまま、中指も立てます。

3 ♪おねえさんが　おはよう

さらに、薬指も立てます。

4 ♪あかちゃんが　おはよう

小指も立てます。

5 ♪ねぼすけとうさん　おはよう

最後に親指も立てます。

かかわりポイント

- 最初はやりやすいほうの手だけで行い、慣れてきたら、両手でやってみましょう。
- 子どものペースに歌の早さを合わせるように配慮し、最初は少しゆっくり歌うといいでしょう。

アレンジ1

0 1 2

0～2歳児は、保育者が子どもの手を取って
1本ずつ触りながら歌います。

かかわりポイント

●2歳児の高月齢児なら、保育者が自分の指でやって見せてもいいでしょう。

アレンジ2

2 3 4 5

指先に目や口のシールをはって顔を作ったりして、保育者と一緒に演じて楽しみましょう。

かかわりポイント

●2～3歳児は、保育者が演じるのを見て楽しんだり、保育者のしぐさをまねしたりして、あそんでもいいでしょう。
●4～5歳児は、グループ分けをして、グループごとに分担を決めてあそんでも楽しいです。

アレンジ3

2 3 4 5

子どもたちに「次はだれが起きたかな？」と聞きながらやってみましょう。

アレンジ4

4 5

指を立てる順番を変えて歌ってあそんでみましょう。

1
♪おねえさんが　おはよう

2
♪おとうさんが　おはよう

3
♪あかちゃんが　おはよう

4
♪おにいさんが　おはよう

5
♪ねぼすけかあさん　おはよう

かかわりポイント

●指を出す順番が変わると難しくなります。いちばん出しにくいのはどの指なのかなどに気づき、自分の指について関心が高まるようなかかわりをしていきましょう。

パクパクどん

CD 6

保育のねらいはココ!

体のいろいろな所を挟んであそびましょう。指で挟む1番と、腕で挟む2番の動きの違いも楽しみます。

0 1 2

■触られる楽しさや安心感を感じます。
■歌に合わせた「パクパク人形」(P.29で紹介)を使う保育者とのやり取りを楽しみます。

3 4 5

■挟むことを通して、体にはいろいろな部位があることや、それぞれに感触が違うことを知ります。
■友達とのスキンシップを楽しみます。
■歌にちなんだ人形作りを楽しみ、歌に合わせて演じることを楽しみます。

基本のあそび方 3 4 5

2人組になり、先に挟む人を決めます。2番では役割を交代しましょう。

パクパクどん

作詞・作曲/新沢としひこ

G
D7
G
1.ゆーびで
2.うーでで
3.ちょーきで
4.てーでー
5.あーしで
6.くーびで
はさんで パクパクどん はさんではさんで たべちゃうぞ
D7
G
パクパクどん パクパクどん パクパクどん どん どん

基本のあそび方

1番

1 ♪ゆーびではさんで

親指と人差し指を開いたり閉じたりします。

2 ♪パクパクどん～パクパクどんどんどん

２本の指で体のいろいろなところを挟みます。

2番

1 ♪うーでではさんで

挟む役を交代します。両手を大きく
開いたり閉じたりします。

2 ♪パクパクどん～パクパクどんどんどん

両手で体のいろいろなところを挟みます。

かかわりポイント

- 7小節あるので、同じところばかり挟まないで、挟むところをあちこち移動させてあそびましょう。
- 体にふれあうことで、友達との距離がぐっと縮まることが感じ合えるよう、子どもの様子を見守ったり、言葉をかけたりします。
- 進級当初など、お互いのことをよく知らない時期は、子ども同士の関係性も微妙な場合があります。子どもたちの様子をよく観察して、あそびを取り入れるようにしましょう。

アレンジ1

0 1 2 3 4 5

スポンジや牛乳パックの空き容器でつくったパクパク人形を動かしてあそびます。低年齢児は保育者がやって見せ、3～5歳児は、自分たちで作ったり、演じたりしてあそびましょう。

パクパク人形の作り方

●牛乳パックで

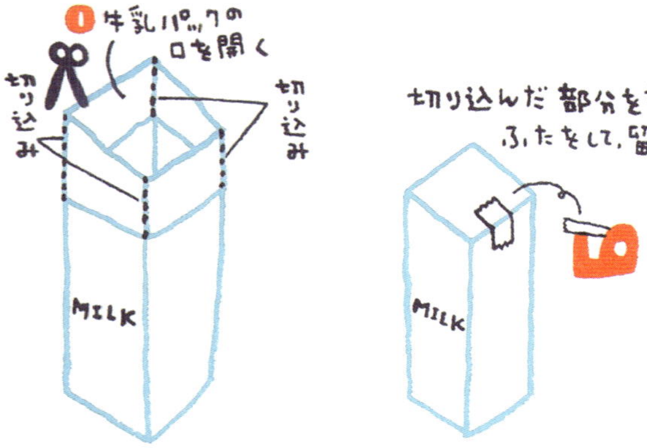

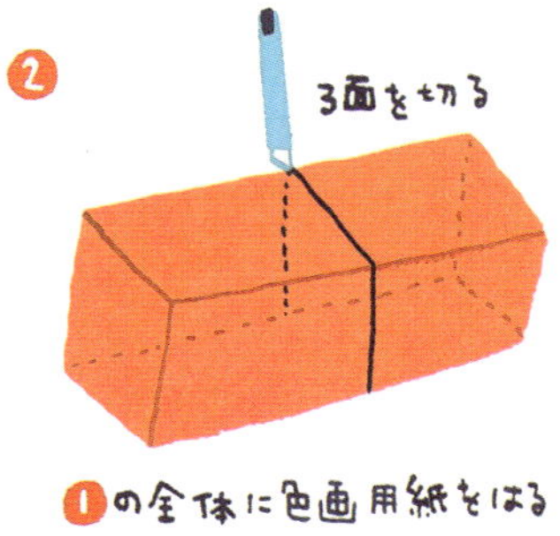

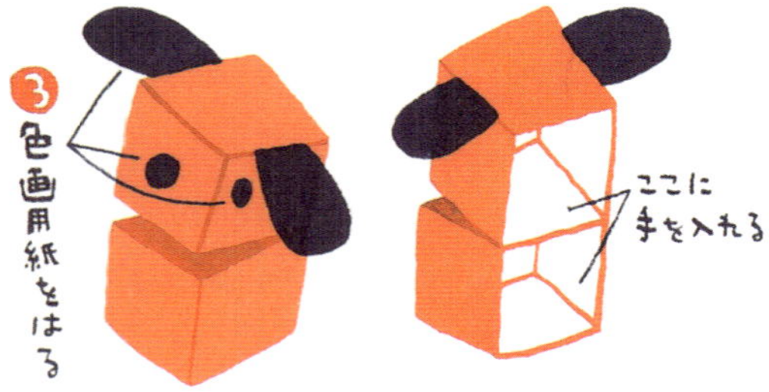

●ソックスで

アレンジ2 3 4 5

いろいろな方法で挟んでみましょう。

♪チョキではさんで

指でチョキを作って挟みます。

♪てーではさんで

親指とほかの 4 本の指に分けて挟みます。

♪あーしではさんで

２本の足を使って挟みます。

♪くーびではさんで

あごの下や首に挟みます。

アレンジ3 3 4 5

２人同時に相手を挟みます。

かかわりポイント

- ほかにもわきの下やひじなど、体のいろいろな部位を使って挟むことができます。子どもたちと一緒に見つけてみましょう。
- 挟む部位によって、挟みやすい所と挟みづらい所があることや、挟んだときに柔らかい所や硬い所があることなど、挟んだ感覚の違いを意識できるようにかかわっていきましょう。
- くすぐりあいっこになってもいいですね。

ゆびきりげんまん

CD 7

約束を守る証としての「ゆびきりげんまん」。本来の意味はちょっぴり怖いですが、この歌を使って、楽しく「ゆびきりげんまん」をしてみましょう。

保育のねらいはココ!

0 1 2

- ■あそんでもらう楽しさや心地よさを感じます。
- ■園での1日の締めくくりの儀式にすることで見通しをもちます。

3 4 5

- ■友達とのやり取りを楽しみます。
- ■それぞれの指を意識し、動かしにくい指があることに気がつきます。
- ■歌を通して、今日1日の楽しかったことや、明日への期待を友だちと共有します。

基本のあそび方　3 4 5

2人で向い合って「ゆびきりげんまん」をします。歌に合わせていろいろな指であそんでみましょう。

ゆびきりげんまん

作詞・作曲／新沢としひこ

F
Dm
Gm
C
Gm
F
1. こ　ゆ　び　で
2. くす　りゆ　び　で
3. なか　ゆ　び　で
4. ひと　さし　ゆび　で
5. お　や　ゆび　で
バ イ バ イ　ゆ び き り げ ん ま ー ん　ま た あ そ ぼ　き　っ と あ そ ぼ

基本のあそび方

1番

1 ♪こゆびでバイバイ

小指を曲げたり、伸ばしたりします。

2 ♪ゆびきりげんまん

小指をからめて、ゆびきりをします。

3 ♪またあそぼ

ゆびきりしたまま、大きく腕を回します。

4 ♪きっとあそぼ

3とは反対の方向に回します。

かかわりポイント

- 薬指は結構難しいので、ほかの指を立てたままでも構いません。子どもの様子に留意して、声をかけていくようにしましょう。
- 腕を回すとき、勢いよく回し過ぎないように、気をつけます。また、ペアになっている 2 人の体格が違いすぎないか、確認しましょう。

2番

**♪くすりゆびでバイバイ
～きっとあそぼ**

薬指で行います。

3番

**♪なかゆびでバイバイ
～きっとあそぼ**

中指で行います。

4番

**♪ひとさしでバイバイ
～きっとあそぼ**

人差し指で行います。

5番

**♪おやゆびでバイバイ
～きっとあそぼ**

親指で行います。

アレンジ1　3 4 5

全員で円になり、両隣の人と「ゆびきりげんまん」をしてあそびましょう。

かかわりポイント

- 「♪またあそぼ　きっとあそぼう」で腕を回すところは、どちらの方向に先に回すのかあらかじめ決めてから始めるようにしましょう。
- 1日の終わりに、友達の顔を見ながら歌い、「今日も楽しかった。明日もあそぼうね」の気持ちを共有する機会にしましょう。

アレンジ2 0 1 2

保育者が子どもの指でやってあげるあそびとしても使えます。

1 ♪こゆびでバイバイ～きっとあそぼハイ

子どもの手を下から支え、もう片方の手の指を子どもの指にからませます。

2 歌い終わったら、子どもをぎゅっと抱きしめましょう。

かかわりポイント

●降園時のひとときき、子どもとふれあってあそんでみましょう。毎日繰り返すことで、やってもらうのを楽しみにするようになるでしょう。また、あそびがその日の別れの儀式となり、子ども自身が気持ちを切り替えるきっかけの役割を果たすようになります。

ウルトラフィンガー

CD 8

保育のねらいはココ！

0 1 2

■あそんでもらう楽しさや、指でのタッチングの心地よさを感じます。

■語呂のよい歌詞を聞いて楽しんだり、一緒に歌ったりしてあそびます。

3 4 5

■歌詞の楽しさを感じながら、友達と一緒に歌ってあそびます。

■イメージを膨らませながら、指の動きを楽しみます。

■友達同士で同じあそびを楽しみ、楽しさを共感します。

人差し指と中指で作ったチョキの手がトコトコトコ……。わらべうたの「いっぽんばしこちょこちょ」の要領で楽しみましょう。

基本のあそび方 3 4 5

2人組で向い合ってあそびます。1人の腕の上を、もう1人の2本の指が歩きます。4番まで終わったら、役割を交代しましょう。

ウルトラフィンガー

作詞・作曲／新沢としひこ

基本のあそび方

1番

♪ウルトラフィンガー　フィンガーウォーク
フィンガーウォーク　フィンガーウォーク　（×2回）

歌に合わせて、２本の指を動かして相手の腕を登ります。

2番

♪ウルトラフィンガー　フィンガーラン
フィンガーラン　フィンガーラン　（×2回）

歌に合わせて、指を素早く動かし、相手の腕を登ったり、下りたりします。

3番

♪ウルトラフィンガー　フィンガージャンプ
フィンガージャンプ　フィンガージャンプ　（×2回）

歌に合わせて相手の腕を登り、「♪ジャンプ」のところで、指をジャンプさせます。

4番

♪ウルトラフィンガー　フィンガーショック
フィンガーショック　フィンガーショック　（×2回）

歌に合わせて相手の腕を登り、「♪ショック」のところで、相手のわきの下をくすぐります。

かかわりポイント

- 最初は一人一人が机の上で２本の指を動かしてみるだけでも楽しいです。
- 中には、感覚が過敏でくすぐられるのが嫌な子もいるので、あそぶ前にくすぐってもいいか確認したり、様子を見てほかの動きに替えるよう言葉をかけたりして、配慮しましょう。

アレンジ1

0 1 2

保育者が子どもにやってあげるふれあいあそびとして楽しみましょう。子どもの腕を保育者が下から支え持って、基本のあそび方と同じ要領で人差し指と中指を動かします。

かかわりポイント

- 速さを変えたり、少し間をおいたりして、子どもとやり取りしながらあそびましょう。
- 4番のくすぐるところは、わきの下だけでなく、おなかやおしり、てのひらなど、いろいろな場所をくすぐると盛り上がります。くすぐられるのが嫌な子もいるので、表情を確かめながらあそぶようにしましょう。

アレンジ2

0 1 2 3 4 5

ウルトラフィンガー人形を作ってみましょう。指にはめると、トコトコがより楽しくなります。

かかわりポイント

- 0．1歳児は保育者が歌いながら人形を動かすのを見て楽しみます。2～5歳児は自分で動かしてみましょう。
- 一人一人で動かしてあそぶときは、「♪ショック」ではくすぐるのではなく、バタンと倒れるような動きも楽しいです。

アレンジ3

3 4 5

2本の指のいろいろな動きだけでなく、歌詞も楽しみましょう。2人1組であそびます。

フィンガースイム

♪ウルトラフィンガー　フィンガースイム
フィンガースイム　フィンガースイム

1人は腕で輪を作り、その中でもう1人の2本の指が泳ぎます。指をバタ足のように動かしましょう。

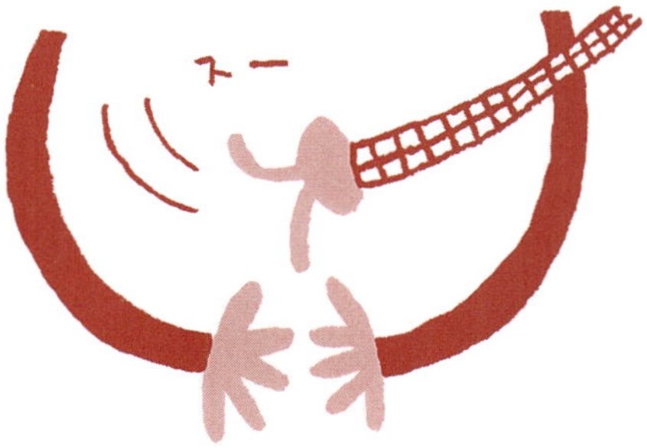

フィンガースケート

♪ウルトラフィンガー　フィンガースケート
フィンガースケート　フィンガースケート

腕の輪の中で、2本の指をスケートで滑るように動かしましょう。

フィンガースキップ

♪ウルトラフィンガー　フィンガースキップ
フィンガースキップ　フィンガースキップ

腕の上で、2本の指をスキップするようにリズミカルに動かしましょう。

フィンガースキー

♪ウルトラフィンガー　フィンガースキー
フィンガースキー　フィンガースキー

腕の上から下へ、2本の指をそろえて滑らしましょう。

かかわりポイント

●いろいろな「ウルトラフィンガー」を考えてあそんでみましょう。友達が考えた動きを一緒に楽しめるよう、仲立ちをしていくとあそびが広がります。

ぶたのへそ

CD 9

保育のねらいはココ！

3 4 5

■みんなで動きを合わせる楽しさを感じます。
■息があって、動きがそろったときの達成感を共有します。
■少し難しいことに挑戦する楽しさや、うまくいったときの誇らしさを感じます。

わらべうた「ちゃつぼ」をヒントに生まれたあそび歌です。保育者も一緒にやってみてください。

基本のあそび方 3 4 5

わらべうたの「ちゃつぼ」の要領であそびます。手の形はA～Dの4種類です。

ぶたのへそ

作詞・作曲／新沢としひこ

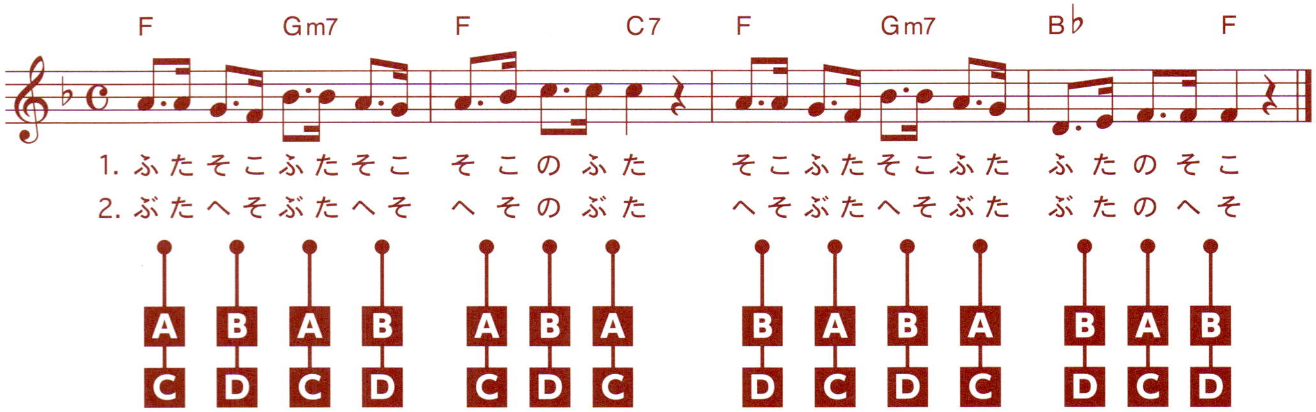

F Gm7 F C7 F Gm7 B♭ F
1. ふ た そ こ ふ た そ こ そ こ の ふ た そ こ ふ た そ こ ふ た ふ た の そ こ
2. ぶ た へ そ ぶ た へ そ へ そ の ぶ た へ そ ぶ た へ そ ぶ た ぶ た の へ そ
A B A B A B A B A B A B A B
C D C D C D C D C D C D C D

基本のあそび方

A

左手のこぶし（グーの手）の上に、右てのひらでふたをします。

B

左手のこぶしの下に、右てのひらで底を作ります。

C

右手のこぶしの上に、左てのひらでふたをします。

D

右手のこぶしの下に、左てのひらで底を作ります。

まずはAとBを
繰り返しやってみましょう。
慣れてきたら、
今度は、CとDを
繰り返しやってみましょう。

かかわりポイント

●リズムに合わせて手を動かしていきます。2小節目と4小節目の3拍目で友達とそろっていると、「できた」という喜びにつながります。

アレンジ1 4 5

A、B、C、Dを組み合わせてあそんでみましょう。基本のあそび方より少し難しくなります。
（　）内の歌詞は2番です。

1 ♪ふた（ぶた）

A

2 ♪そこ（へそ）

B

3 ♪ふた（ぶた）

C

4 ♪そこ（へそ）

D

5 ♪そこ（へそ）

A

6 ♪の（の）

B

7 ♪ふた（ぶた）

C

8 ♪そこ（へそ）

D

9 ♪ふた（ぶた）

A

10 ♪そこ（へそ）

B

11 ♪そこ（ぶた）

C

12 ♪ふた（ぶた）

D

13 ♪の（の）

A

14 ♪そこ（へそ）

B

かかわりポイント

●ゆっくりから始め、徐々にスピードアップしていきます。手がこんがらがってしまうかもしれませんが、そのおかしさも友達と一緒に共有してしまいましょう。

アレンジ2 4 5

2人組になり、相手の手と組み合わせてやってみましょう。

♪ふた A

それぞれが相手の左手のこぶし（グーの手）の上に、右てのひらでふたをします。

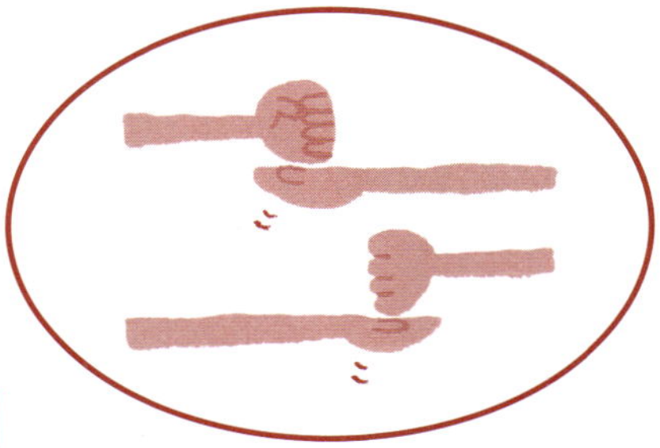

♪そこ B

それぞれが相手の左手のこぶしの下に、右てのひらで底を作ります。

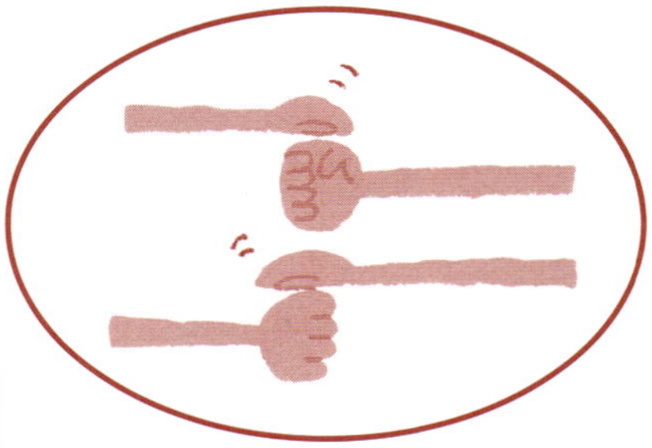

♪ふた C

それぞれが相手の右手のこぶしの上に、左てのひらでふたをします。

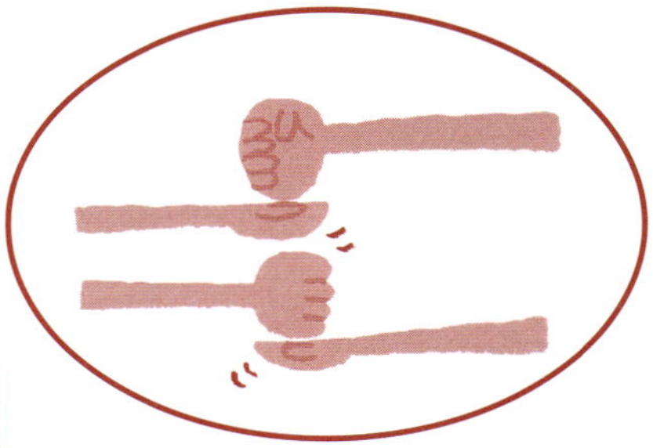

♪そこ D

それぞれが相手の右手のこぶしの下に、左てのひらで底を作ります。

かかわりポイント

●相手と息を合わせてあそんでみましょう。保育参観など、親子で楽しむこともできます。
●最初は P.39 で紹介したように、AとBの繰り返し、またはCとDの繰り返しから始めると、スムーズです。

ふみきりくん

CD 10

保育のねらいはココ！

0 1 2

■保育者のしぐさをまねてあそびます。
■友達と同じしぐさを楽しみます。
■歌詞の擬声語の楽しさを共有します。

3 4 5

■いろいろな速さのあそびを楽しみます。
■だんだん難しいことに挑戦して、できるうれしさを感じ、自信をもちます。
■踏み切りの警報器をイメージして、友達と楽しさを共有します。

左右の手で踏切の警報機のまねをしてあそびます。だんだんスピードアップしていくと、超高速ではぐちゃぐちゃになってしまってもそれはそれで楽しめます。

基本のあそび方　3 4 5

スピードアップしながら、手を交互に閉じたり開いたりしてみましょう。

ふみきりくん

作詞・作曲／新沢としひこ

F Gm F C7 F
1.ゆっ く り
2.げん き に
3.いそ い で
4.あわ て て
キン コン カン コン キン コン ふ み き り くん

基本のあそび方

1番

① ♪ゆっくり
片手をパー、もう片方の手をグーにします。

② ♪キンコン
反対の手をパー、もう片方の手をグーにします。

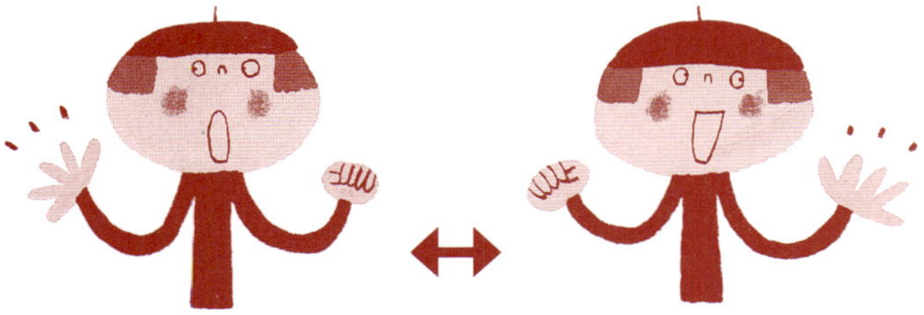

③ ♪カンコン　キンコン　ふみきりくん
1と2を交互に行います。

かかわりポイント

●2番、3番、4番とだんだん速くなっていきます。速いと大変ですが、ちょっと難しいことに挑戦する楽しさを感じていきましょう。

1番　ゆっくりだから簡単。ウォーミングアップです。

2番　1番の倍の速さになります。リズミカルに元気よく。

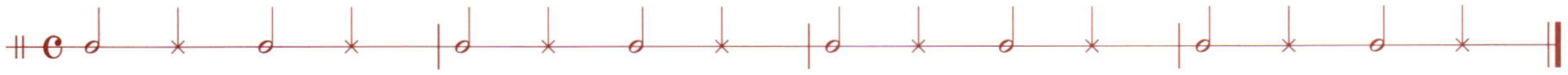

3番　さらに倍速。速いから大変！

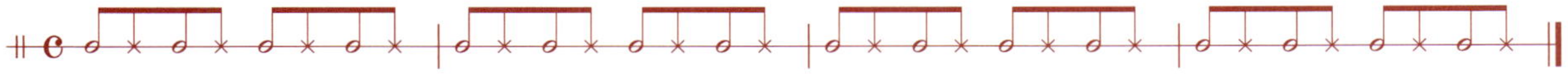

4番　3番の倍の速さ。超高速でパーとグーを繰り返します。

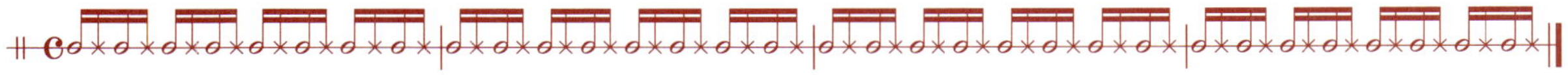

アレンジ1 1 2

両手一緒にグー、パーする、少し簡単なあそびのアレンジです。

1 ♪ゆっくり

両方の手をグーにします。

2 ♪キンコン

両方の手をパーにします。

3 ♪カンコン

1と同じ。

4 ♪キンコン

2と同じ。

5 ♪ふみ

1と同じ。

6 ♪きり

2と同じ。

7 ♪くん

1と同じ。

かかわりポイント

- 左右の手が同じ動きをするので、低年齢の子でも楽しめます。
- 3歳児もこのあそび方から始め、「できた」という達成感を感じてから、基本のあそび方をしていくと、少し難しくてもあきらめずに挑戦していきます。

アレンジ2　5

目を開けたり、閉じたりして警報機のまねをしてみましょう。手のときよりぐっと難しくなりますが、挑戦してみましょう。

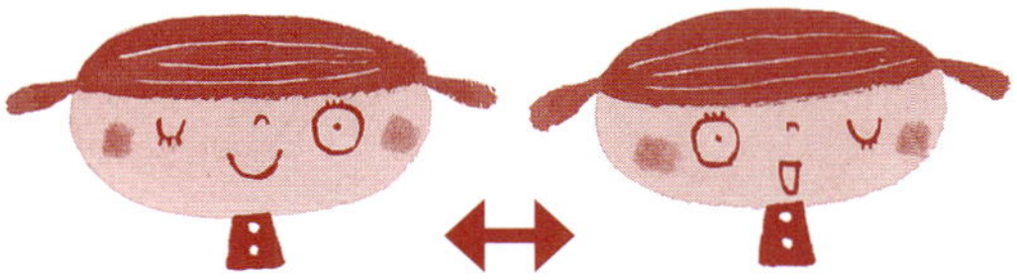

1 ♪ゆっくり

片目を開けて、もう片方の目をつぶります。

2 ♪キンコン

今度は反対の目を開けて、もう片方の目をつぶります。

3 ♪カンコン　キンコン　ふみきりくん

1と2を交互に繰り返します。

かかわりポイント

●ウインクができなかったり、どちらか一方の目しかできなかったりする子もいるかもしれません。できる、できないより同じ目でも、左右で動きやすさが違うことなど、子どもたち自身が知っていくことが大切です。

アレンジ3　5

手と目の両方を一緒にやってみましょう。

かかわりポイント

●さらに難しくなっていきます。難しいことに挑戦するときの目安は、「もうちょっとでできそうなんだけど……」というくらいの難しさ。子どもたちの様子をよく見て進めていくことがポイントになります。

1 ♪ゆっくり

片目を開けて、もう片方の目をつぶります。目を開けている方の手はパー、つぶっている方の手はグーにしましょう。

2 ♪キンコン

今度は反対の目を開けて、もう片方の目をつぶります。目を開けている方の手はパー、つぶっている方の手はグーにしましょう。

3 ♪カンコン　キンコン　ふみきりくん

1と2を交互に繰り返します。

グーパーありがとさん

CD 11

保育のねらいはココ！

0 1 2

■保育者にふれてもらう心地よさを感じます。
■保育者のしぐさをまねしてあそびます。

3 4 5

■友達と息を合わせて行うおもしろさを感じます。
■いろいろなやり方に挑戦して、うまくいったときの達成感を友達と共有します。

わらべうた「おちゃらかほい」に似たあそびです。友達と息を合わせることに、うれしさを感じられるといいですね。

基本のあそび方 3 4 5

2人で向い合って、わらべうたの「おちゃらかほい」の要領であそびます。左手はいつでもパーで受け皿を作ったままですが、右手は、グー、チョキ、パーと変わっていきます。

グーパーありがとさん

作詞・作曲／新沢としひこ

C Am Dm7 G7 Dm7 G7 C F/G C
1. グー グー グー グー
2. パー パー パー パー
3. チョンチョンチョンチョン
4. グー パー グー パー
ちょうだいな
グー グー グー グー
パー パー パー パー
チョンチョンチョンチョン
グー パー グー パー
ありがとさん

基本のあそび方

1番

1 ♪グー

右手をグーにして、パーにした自分の左手の受け皿にトンと置きます。

2 ♪グー

右手のグーを、相手の受け皿（左手）にトンと置きます。

3 ♪グー

1と同じ。

4 ♪グー

2と同じ。

5 ♪ちょう

1と同じ。

6 ♪だい

2と同じ。

7 ♪な

1と2を行う。

8 ♪グーグー～ありがとさん

1～7を繰り返します。

2番

♪パーパー～ありがとさん

右手をパーにして、1番と同じようにあそびます。

3番

♪チョンチョン～ありがとさん

右手をチョキにして下に向け、左手の受け皿にちょっとふれて、1番と同じようにあそびます。

4番

1 ♪グー

右手をグーにして、パーにした左手の受け皿にトンとします。

2 ♪パー

右手をパーにして、相手の受け皿にパンとします。

3 ♪グーパー～ありがとさん

1と2を繰り返します。

かかわりポイント

●あそび方に慣れるまでは、ゆっくり歌って、できる楽しさを感じられるようにしましょう。

アレンジ1 0 1 2

保育者のしぐさをまねしてあそびましょう。

かかわりポイント

●子どもがまねをしやすいように、少しゆっくり歌いながら、大きな動きになるよう配慮しましょう。

1 ♪グーグーグーグー

グーにして両手を打ちます。

2 ♪ちょうだいな

両手を前に出します。

3 ♪グーグー～ありがとさん

1と同じ動作の後、「♪ありがとさん」で頭を下げる。

アレンジ2

4 5

4番の「♪グーパー」をいろいろ変えてあそんでみましょう。

♪パーグー

1 ♪パー

右手をパーにして、パーにした左手の受け皿にタッチします。

2 ♪グー

右手をグーにして、相手の受け皿（左手）にトンと置きます。

♪グーチョン

1 ♪グー

右手をグーにして、パーにした左手の受け皿にトンと置きます。

2 ♪チョン

右手をチョキにして、相手の受け皿（左手）にちょっとふれます。

♪チョンパー

1 ♪チョン

右手をチョキにして下に向け、左手の受け皿にちょっと触れます。

2 ♪パー

右手をパーにして、相手の受け皿にタッチします。

かかわりポイント

●4番の「♪グーパーグーパー」はやりやすいですが、「♪パーグーパーグー」は難しいです。人間は手が伸びるときは手先も伸びようとするからです。そういった体の不思議を知った上であそんでみましょう。

アレンジ3

4 5

あそんでいる途中「反対！」とコールしたら、左右の手を逆にします。

かかわりポイント

●はじめは2小節目の終わりで「反対」のコールをするといいです。慣れてきたら、コールする場所を変えてみましょう。どこでコールされるかわからないドキドキ感があり、おもしろさをアップします。

チョキチョキたいけつ CD 12

「にらめっこ」のあそび歌です。普通の「にらめっこ」は、どんな顔を作っても自由ですが、このあそびでは、グーチョキパーの指で作るという条件つきです。

保育のねらいはココ！

0 1 2

- 「いない　いない　ばあ」のようなわくわく感を楽しみます。
- 保育者のまねをしてやろうとします。

3 4 5

- 保育者や友達の表現を見て楽しみます。
- いろいろな顔を作ろうと工夫します。
- 左右の手の形を変えて、難しいやり方に挑戦してみます。

基本のあそび方　3 4 5

グーチョキパーの指でいろいろな顔を作ってみましょう。

チョキチョキたいけつ

作詞・作曲／新沢としひこ

Dm　Gm　A7　Dm　A7　Dm
1.チョキチョキたいけつ
2. グー　グー たいけつ
3. パー　パー たいけつ
4. グー　パー たいけつ
5.チョキ　パー たいけつ
6. グー チョキたいけつ
にらめっこ　こんなかおに　なっちゃった

基本のあそび方

1番

1 ♪チョキチョキ

チョキにした両手を右横に出し、チョキチョキと2回動かします。

2 ♪たいけつ

1の手を左横に出し、チョキチョキと2回動かします。

3 ♪にらめっ

1と同じ。

4 ♪こ

2と同じ。

5 ♪こんなかおに

下を向いて顔を作る準備をします。

6 ♪なっちゃった

両手のチョキでいろいろな顔を作って見せます。

2番

1 ♪グーグーたいけつ
にらめっこ

グーにした両手の手首をねじねじ回転させながら、右横、左横に出します（2回繰り返します）。

2 ♪こんなかおに

下を向いて顔を作る準備をします。

3 ♪なっちゃった

両手のグーで顔を作って見せます。

3番

1 ♪パーパーたいけつ
にらめっこ

パーにした両手をひらひらしながら右横、左横に出します（2回繰り返します）。

2 ♪こんなかおに
なっちゃった

下を向いて顔を作る準備をし、両手のパーで顔を作って見せます。

4番

1 ♪グーパーたいけつ
にらめっこ

グーにした片手は手首をねじねじ、パーにしたもう片方の手はひらひらさせながら右横、左横に出します（2回繰り返します）。

2 ♪こんなかおに
なっちゃった

下を向いて顔を作る準備をし、グーの手とパーの手で顔を作って見せます。

5番

1 ♪チョキパーたいけつ
にらめっこ

チョキにした手はチョキチョキ動かし、パーにしたもう片方の手はひらひらさせながら右横、左横に出します（2回繰り返します）。

2 ♪こんなかおに
なっちゃった

下を向いて顔を作る準備をし、チョキの手とパーの手で顔を作って見せます。

6番

1 ♪グーチョキたいけつ にらめっこ

グーにした手は手首をねじねじ回転させ、チョキにしたもう片方の手はチョキチョキ動かしながら右横、左横に出します（2回繰り返します）。

2 ♪こんなかおに なっちゃった

下を向いて顔を作る準備をし、チョキの手とパーの手で顔を作って見せます。

かかわりポイント

- ●保育者の変な顔をまねるあそびから始めるのも一つの方法です。慣れてきたら、徐々に自由に表現を楽しむでしょう。
- ●「だれが一番変な顔か」と競うのではなく、一人一人の表現を互いに認めていくような言葉かけをしていきましょう。調子にのって変な顔をする子もいれば、恥ずかしがって控え目にする子もいますが、「みんな違って、みんないい」のです。

アレンジ1　0 1 2

グーチョキパーを使って顔あそびを楽しみましょう。まずは、だれもができるグーやパーからスタート。

1 ♪グーグー（パーパー／チョキチョキ）たいけつ　にらめっこ

両手でぐーを作り、歌に合わせて上下させます。

2 ♪こんなかおに

両手のグー（パー／チョキ）を顔の前でぐるぐる回します。

3 ♪なっちゃった

顔にグー（パー／チョキ）を加えるイメージで顔を作ります。

かかわりポイント

- ●低年齢児の場合、いつもと違う保育者の表情に驚く子もいます。にらめっこというよりは、「とんとんとんとんひげじいさん」のようなイメージであそぶといいでしょう。
- ●1歳児は、まだチョキが難しい子もいるので、とばしてもかまいません。
- ●あまりあれこれバリエーションを作らず、同じ内容で繰り返しあそぶほうが喜びます。
- ●2歳児はチョキにも挑戦してみましょう。

びよよびよん

CD 13

保育のねらいはココ！

1 2 3

■1対1でのあそびを楽しみます。
■自分からあそぼうとする気持ちを引き出します。

4 5

■相手と息を合わせ、力の入れ具合を合わせる大事さを感じます。
■相手の思いに気づきます。
■一緒にあそぶ楽しさや達成感を味わいます。
■力を合わせて、少し難しいことに挑戦するおもしろさを体験します。

友達と手を組み、左右の手を交互に伸ばしたり、引いたりしてあそびます。簡単なようで、奥が深いあそびを、繰り返しあそんで楽しみましょう。

基本のあそび方　3 4 5

２人組で向かい合わせになり、両手を合わせ、指をしっかりからませてあそびます。
＊歌詞の後の（右）、または（左）は、伸ばす腕を示しています。

びよよびよん

作詞・作曲／新沢としひこ

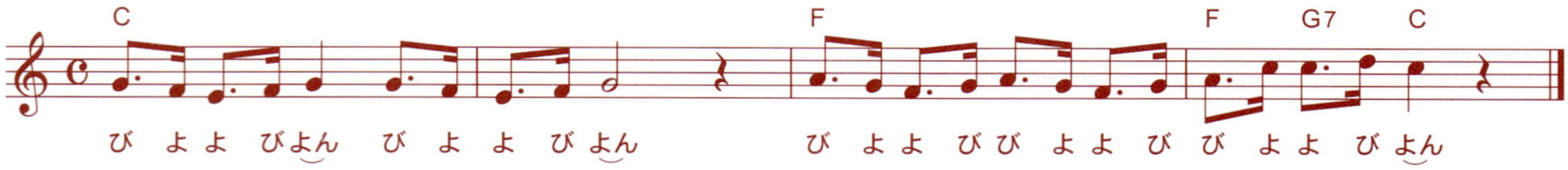
C
F
F
G7
C
び よ よ びよん び よ よ び よん
び よ よ び び よ よ び び よ よ び よん

基本のあそび方

1 ♪びよよび（右）

右手を伸ばし左手を引っ込めます。

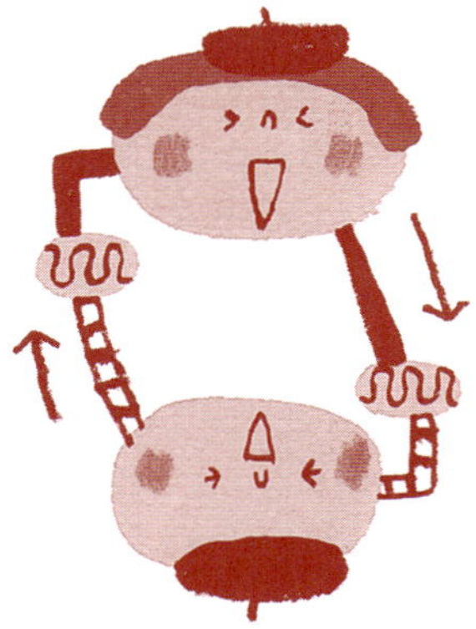

2 ♪よんびよ（左）

左手を伸ばし右手を引っ込めます。

3 ♪よびよん（右）

1を繰り返します。

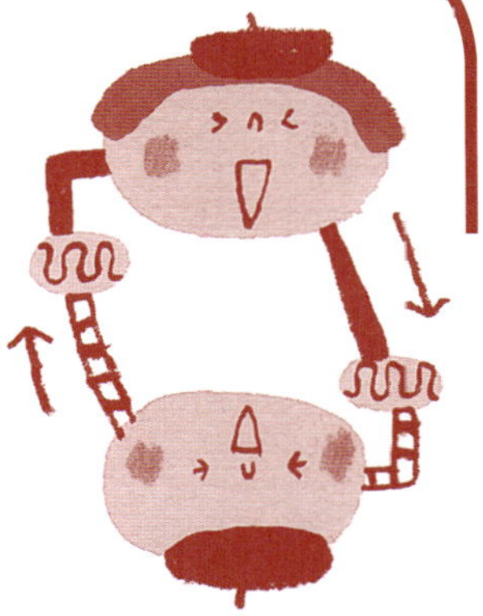

4 ♪休符（左）

2を繰り返します。

5 ♪びよ（右）

1を繰り返します。

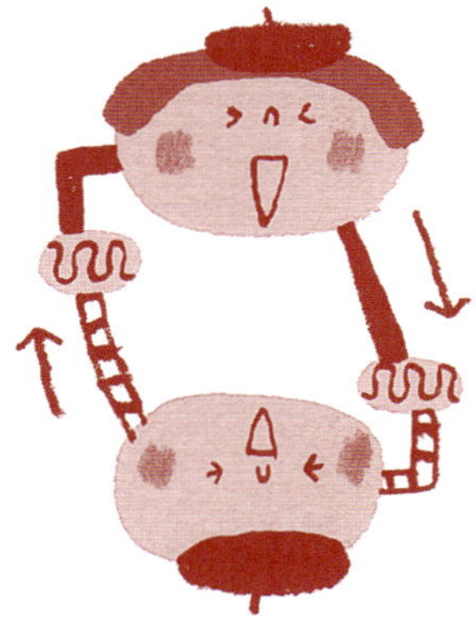

6 ♪よび（左）

2を繰り返します。

7 ♪びよ（右）

1を繰り返します。

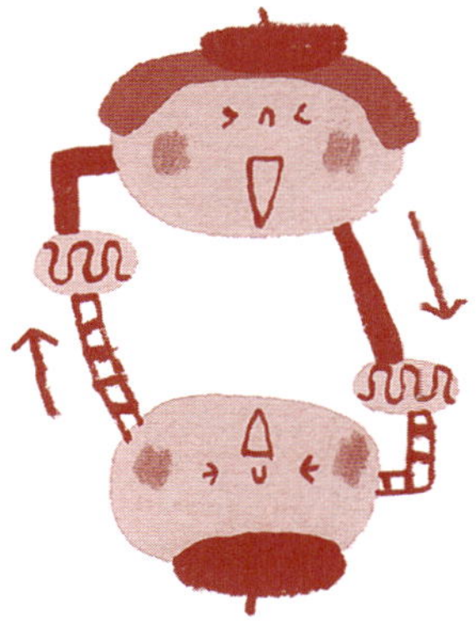

8 ♪よび（左）

2を繰り返します。

9 ♪びよ（右）

1を繰り返します。

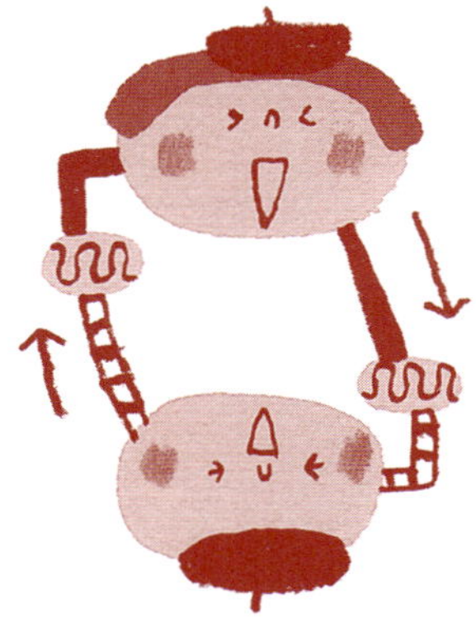

10 ♪よび（左）

2を繰り返します。

11 ♪よん（右）

1を繰り返します。

かかわりポイント

- 力を入れすぎて、相手の手を押したり引いたりしすぎないよう、相手の力を感じることを伝えていきましょう。
- 息を合わせるのに慣れるまでは、4小節とも同じテンポでやってみてもいいでしょう。

アレンジ1 1 2 3

子どもと保育者であそびます。保育者が子どもをリードしながらあそびましょう。

1 ♪びよよび（右）

子どもの右手をゆっくり引いて、腕が伸びるようにします。同時に、子どもの左腕のひじを曲げるように、手をゆっくり押します。

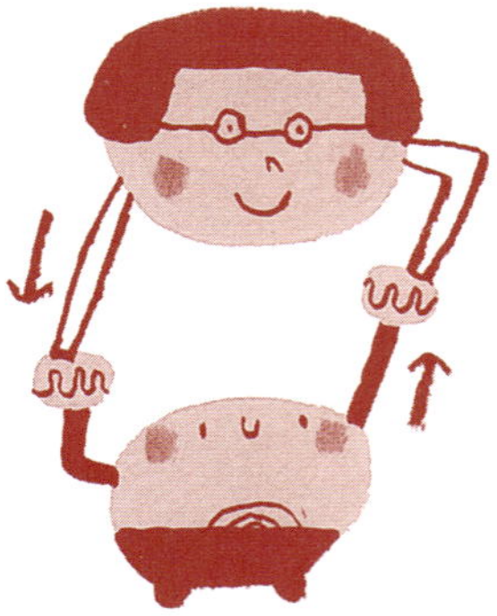

2 ♪よんびよ（左）

左右逆にします。

3 ♪よびよん（右）

1を繰り返します。

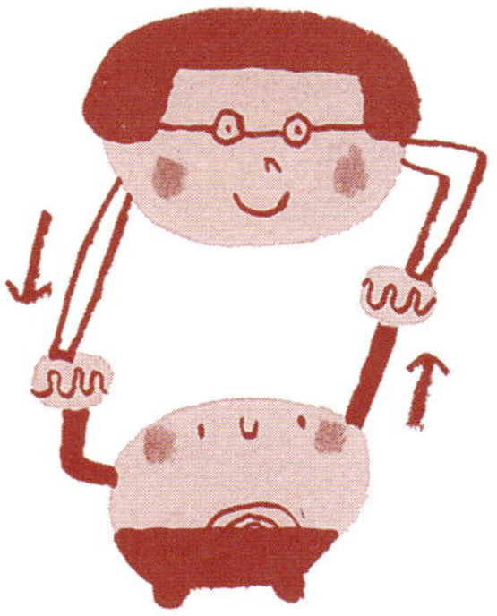

4 ♪休符（左）

2を繰り返します。

5 ♪びよよび（右）

1を繰り返します。

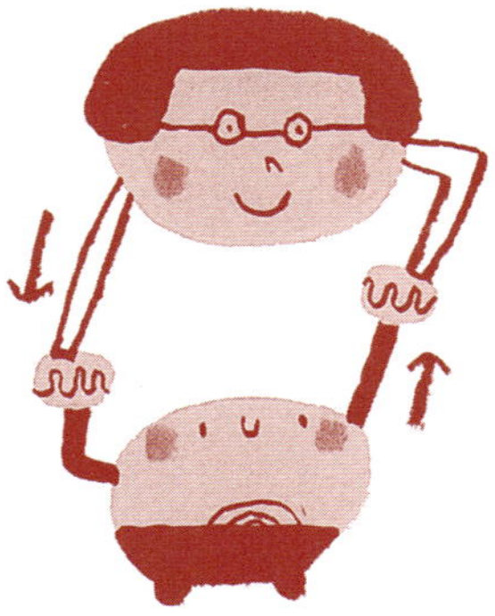

6 ♪びよよび（左）

2を繰り返します。

7 ♪びよよび（右）

1を繰り返します。

8 ♪よん（左）

2を繰り返します。

かかわりポイント

- 子どもが自分から腕を動かそうとするように、最初は歌なしで動きだけをやってみてもいいでしょう。その際は、子どもの手を押すとき、引くとき、それぞれにイメージしやすい擬音を加えるとわかりやすいでしょう。
- 親子あそびとしてもおすすめです。

アレンジ2　4 5

指をからませていたのを、てのひらや人差し指を合わせるなどにアレンジしてあそびます。
手と手をふれないで、エアーでやるのはとっても難しいですが、挑戦してみましょう。

てのひらで

お互いのてのひらを合わせてやってみましょう。指をからませるより手がはずれやすいので、ちょっと難しくなります。

人差し指で

互いの人差し指を合わせてやってみましょう。

5本の指で

互いの5本の指を合わせてやってみましょう。

エアーで

てのひらを合わせないでエアーでやってみましょう。

かかわりポイント

- 基本のあそびのときよりもっと息を合わせたり、力の入れ具合を合わせることが大切になってきます。
- 2人の息が合ってはじめてあそびが成立します。子どもたちの様子をよく観察してみましょう。

触らないようにするのも、
相手の動きを感じなければ
ならないので、
難しいよ！

おへそのうみ

CD 14

保育のねらいはココ！

0 1 2 3 4 5

- ■1対1でのあそびを楽しみます。
- ■指のタッチの感触を楽しみ、あそびの最後を期待してわくわくします。
- ■体のいろいろな部位に興味をもち、それぞれの部位の名前を知ります。
- ■保育者のまねをして、やってあげる楽しさを感じます。

雨だれが窓を伝って流れていくように、体の上を１粒の雨粒が流れていく、そんな感触を大切にした手あそびです。

基本のあそび方 0 1 2 3 4 5

保育者の人差し指が雨になって子どもの頭に落ち、体を流れていきます。いろいろな部分に雨を落とし、体を触っていきましょう。

おへそのうみ

作詞・作曲／新沢としひこ

G
Em7
Am7
D7
あ め ピッ トン ふっ て き た よ
1. あ た ま に
2. か ー た に
3. お し り に
4. あ ー し に
お ち た
G
Am7
C/D
D7
G
な が れ て あ つ ま る お へ そ の う み に

基本のあそび方

1番

**1 ♪あめピットン　ふってきたよ
あたまにおちた**

保育者と子どもが向い合って座ります。保育者は人差し指で子どもの頭にピットンと1粒の雨を降らせます。

2 ♪ながれて

しずくがつつ〜と伝わっていくイメージで、指を子どもの体に沿って下ろしていきます。

3 ♪あつまる

指をおへそに向けます。

4 ♪おへそのうみに

おへそに着いたら、くすぐります。

2番

**♪あめピットン　ふってきたよ
かたにおちた〜**

肩からスタートし、体を伝って下ろして、おへそに向けます。

3番

**♪あめピットン　ふってきたよ
おしりにおちた〜**

おしりからスタートし、おなかをぐるりと伝って、おへそに向けます。

4番

**♪あめピットン　ふってきたよ
あしにおちた〜**

足からスタートし、体を登って、おへそに向けます。

かかわりポイント

- 感覚の過敏な子もいます。子どもが喜んでいるか、表情を確かめながら行いましょう。
- 1番から順にやっていくだけでなく、子どもが好きな部分を繰り返したり、「どこから始める?」と尋ねて、やり取りしながらあそんだりしても楽しいです。

アレンジ1　0 1

ねんねのままであそびます。おむつ替えのときなど、1対1でふれあうタイミングを活用してあそびましょう。

かかわりポイント

●目と目を合わせてあそびましょう。
●「♪おへそのうみに」と歌う前に、少し間をおいて、わくわく感を高めると子どもたちは大喜びです。
●アレンジ2では、あそぶ前にスタートする部位の名前を言って、部位と名前が一致するように働きかけるといいでしょう。

アレンジ2　1 2

背中や耳、かかとなど、体のいろいろな部位からおへそに向けて動かします。

アレンジ3　2 3

子どもと雨の役を交代してやってみましょう。子どもが大人の体を触ってあそびます。

かかわりポイント

●子どもの指の動きに合わせて、ゆっくり歌いましょう。
●人形にやってあげるあそびも楽しいです。

アレンジ4 2 3 4 5

あそびに慣れてきたら、子ども同士であそんでみましょう。
交代で雨の役をやるといいですね。

かかわりポイント

●あそぶ前に、相手の目や、耳、鼻、口をつつかないことや、強くつつかないで優しくタッチすることを伝えます。

アレンジ4 4 5

異年齢交流のときなどにも楽しんでみましょう。大きい子が小さい子にかかわるきっかけのあそびになります。

かかわりポイント

●異年齢の子とかかわったことがあまりない子どももいます。あらかじめどのようやってあげると喜ぶのかなど話し合っておくとよいでしょう。弟や妹がいる子に聞いてみるのもひとつです。そして、やってあげてどうだったかを報告し合うことで、自信につながったり、「次はこうしよう」と考えたりします。

キピラケポレンコ

CD 15

保育のねらいはココ！

0 1 2

- ■歌詞の中のじゅ文の語感を楽しみます。
- ■保育者にあそんでもらう心地よさを感じ、楽しいかかわりを共感します。

3 4 5

- ■魔法使いになった保育者とのやり取りを楽しみます。
- ■自分が魔法使いになったつもりのおもしろさを感じ、友達と楽しさを共感します。
- ■新しいじゅ文やほかの変身バージョンを保育者や友達と考える楽しさを経験します。

「キピラケポレンコ」は動物に変身させる魔法のじゅ文。保育者に顔を触ってもらい、変身させてもらうことを楽しみます。

基本のあそび方 0 1 2 3 4 5

魔法使いになった保育者が、魔法のじゅ文を唱えて、子どもの顔を動物の顔に1人ずつ順に変身させます。

キピラケポレンコ

作詞・作曲／新沢としひこ
©ask music

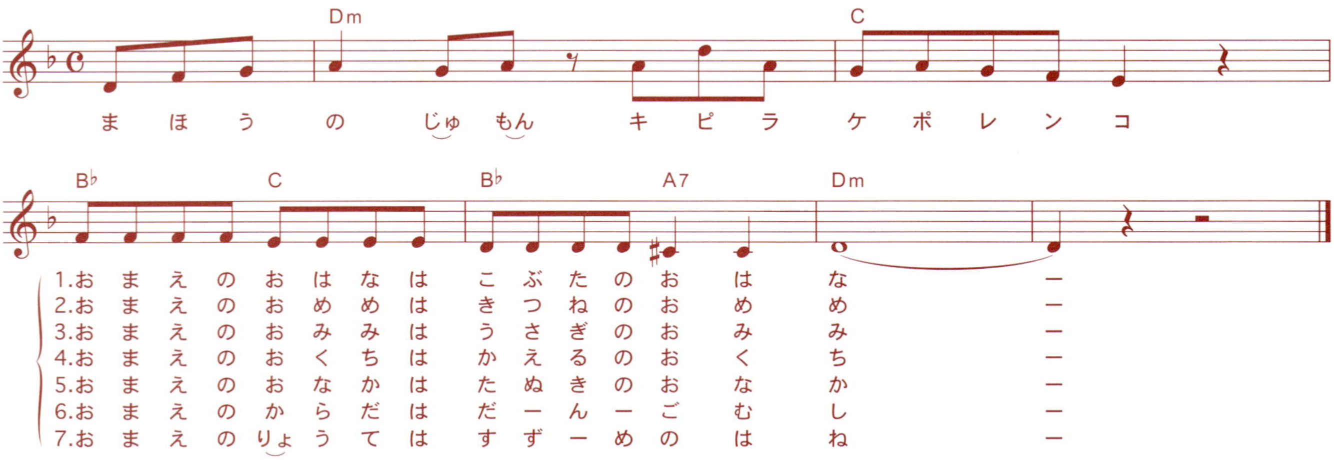

基本のあそび方

1番

1 ♪**まほうのじゅもん　キピラケポレンコ**

子どもの顔の前で、保育者が両手の指をもじょもじょ動かし、魔法をかけます。

2 ♪**おまえのおはなは　こぶたのおはな**

子どもの鼻の頭を人差し指で軽く押さえます。

2番

♪**おまえのおめめは　きつねのおめめ**

子どもの目じりをつり上げます。

3番

♪**おまえのおみみは　うさぎのおみみ**

子どもの耳を軽く上に引っ張ります。

4番

♪**おまえのおくちは　かえるのおくち**

子どものほっぺたを軽く横に引っ張ります。

かかわりポイント

- 低年齢児は、保育者が自分の顔でやって見せ、子どもの様子に応じて、やってあげるといいでしょう。
- 1対1でもあそべますが、数人の子どもと一緒にすると、次はだれに魔法がかかるかドキドキし、あそびが盛り上がります。
- 「キピラケポレンコ」に変わる8文字の魔法の言葉を考えてみるのも楽しいです。

アレンジ1

0 1 2 3 4 5

顔だけでなく、体でもあそんでみましょう。

♪おまえのおなかは たぬきのおなか

子どものおなかをさすります。

♪おまえのからだは だんごむし

子どもの体を丸めます。

♪おまえのりょうては　すずめのはね

子どもの手を取って、ぱたぱた動かします。

かかわりポイント

- 大きくなると、ちょっと照れくさい子もいるかもしれませんが、保育者にやってもらうのはうれしいものです。保育者のほうもやってあげる喜びを、最大限にアピールしていきましょう。
- 保育者が自分の体でやって見せて、子どもたちがまねっこするあそびも楽しいです。

アレンジ2

2 3 4

保育者に魔法をかけられたら、体全体を使って動物に変身してみましょう。

♪おまえのからだは ぞうのからだ

全身を使ってゾウに変身します。

♪おまえのあしは うさぎのあし

ウサギに変身をします。

♪おまえのからだは へびのからだ

ヘビに変身します。

かかわりポイント

- 同じ動物でも子どもの表現はさまざまです。子どもの中から出る動きを大事にしましょう。
- なかなか変身できない子がいても、友達の動きを観察し、「あんな○○になりたい」と思っているかもしれません。子どものほうから動き出すのを待ってみましょう。

アレンジ3 5

魔法をかける魔法使いの役を子どもたちがやります。6～7人で1つのグループを作り、円形になって座り、魔法をかける子どもが円の中に入ります。魔法使い役の子は、順に友達を指名して魔法をかけていきましょう。「今度はだれかな？」ちょっとどきどきするあそびです。

1番

1 ♪まほうのじゅもん　キピラケポレンコ

魔法使い役の子が両手の指をもじょもじょ動かし、魔法をかけます。

2 ♪おまえのおはなは　こぶたのおはな

輪の中の1人の子を指さし、指された子は自分で鼻を押さえます。

2番

♪おまえのおめめは　きつねのおめめ

輪の中の別の子を指さし、指された子は目じりをつり上げます。

3番

♪おまえのおみみは　うさぎのおみみ

また別の子を指さし、指された子は、自分の耳を軽く上に引っ張ります。

4番

♪おまえのおくちは　かえるのおくち

また別の子を指さし、指された子は、自分の口を横に引っ張ります。

４番で変身させられた子が次の魔法をかける役になります。

かかわりポイント

- 魔法をかけるポーズやじゅ文を子どもたちが考え、自分だけの魔法を作り出してみるのも楽しいです。あそびになじんできたら、子どもたちに提案してみましょう。
- グループを６人で作れるようなら、最後に残った子が魔法使いの役になってもいいですね。

ホッカリホカホカ

CD 16

保育のねらいはココ！

0 1 2

- ■「ホカホカ」「スリスリ」「キュキュキュ」など語感がおもしろい歌詞を楽しみます。
- ■スキンシップの心地よさを感じます。
- ■体の部位の名前を知ります。

3 4 5

- ■新たに体の部位の名前を知ります。
- ■相手の体温を感じたり、部位によって温かさが違うことに気づいたりすることで、体への興味を高めます。
- ■友達と同じあそびを楽しみ、いろいろなアレンジするおもしろさを感じます。

こすって温まるあそびです。体のいろいろな所をこすってみましょう。

基本のあそび方 1 2 3 4 5

手、ほっぺ、足を歌に合わせてこすって、温かさを感じてみましょう。

ホッカリホカホカ

作詞・作曲／新沢としひこ
©ask music

C G F C G C
1.ホッ カ リ
2.ホッ ペ タ
3.あ し も
4.お な か
5.せ な か
ホ カ ホ カ あっ た ま れ ホッ カ リ ホ カ ホ カ あっ た ま れ
Dm7 Em F C
ス リ ス リ ス リ ス リ キュ キュ キュ の キュ ほ ら こ ん な に ホ カ ホ カ あっ た ま る

基本のあそび方

1 番

♪ホッカリホカホカ　あったまれ
〜こんなにホカホカ　あったまる

てのひらをこすり合わせます。

2 番

♪ホッペタホカホカ　あったまれ
〜こんなにホカホカ　あったまる

ほっぺを手でこすります。

3 番

♪あしもホカホカ　あったまれ
〜こんなにホカホカ　あったまる

足を手でこすります。

かかわりポイント

- 体は、場所によって温かさが違います。そして、こすると温かくなります。そういうことに子どもが気付けるよう、言葉かけやかかわりを工夫しましょう。
- 歌詞を「おでこ」「はな」「おなか」「おしり」「せなか」などに替えて、体のいろいろな部分をこすってみましょう。幼児には、さらに「ふくらはぎ」「わきの下」「手の甲」「てのひら」などの歌詞に変えても楽しいです。

アレンジ1　0 1 2

おむつ替えや入眠時に、保育者が体をこすってあげましょう。

かかわりポイント

●場面や子どもの様子によって、さする場所、歌い方や歌う速さを工夫しましょう。特に入眠時は、少しゆったりとした歌い方で、背中をさすると、心地よい眠りを誘えるでしょう。
●さする前に「おなかをさするよ」「今度は背中」とさする部位を子どもに伝え、体の部位と名前の一致を促しましょう。

アレンジ2　3 4 5

２人組になってこすり合いましょう。こする順番を決め、先の子が、相手の体を手でこすります。
こする役を交代し、同じ歌詞で、もう1人の子がこすります。

かかわりポイント

●友達の体温を感じてみましょう。「人によって少し違うんだな」ということを、てのひらから感じるでしょう。そんな気づきを言葉にできるよう、あそびの中で、やり取りする機会を作りましょう。
●心地よい力加減を相手に確認しながら行うよう、声をかけていきましょう。

アレンジ3

3 4 5

2人組になり、おしりとおしり、おなかとおなかなど、同じ部位をくっつけてこすり合います。

かかわりポイント

●2人組で要領がわかったら、3人、4人と人数を増やして、「おしくらまんじゅう」のようにしてあそんでみましょう。

アレンジ4

3 4 5

1列に並んだり、輪になったりして、前の人の背中をこすります。

かかわりポイント

●途中で逆向きになり、こすってくれていた友達を今度はこすってあげます。
●イラストのように座ってこするのが難しいようなら、立ったままでもOK。

体だけではなく、
心も温かくなるような
ふれあいができると
すてきですね。

ひらひらくん

CD 17

保育のねらいはココ！

2

- ■耳から聞いた語感をイメージし、表現する楽しさを感じます。
- ■知っている物を表現するおもしろさを友達と共有します。保育者にあそんでもらう心地よさを感じ、楽しいかかわりを共感します。

3 4 5

- ■手首をコントロールして、自在に動かすおもしろさを感じます。
- ■手の表現のバリエーションを友達と作る楽しさを経験します。
- ■手を使う表現あそびだけではなく、言葉あそびの楽しさも友達と共有します。

身近な「ひらひらくん」をみんなで探して、まねっこあそびを楽しみましょう。

基本のあそび方 2 3 4 5

歌に合わせて、両手のてのひらをひらひらさせ、ひらひらする物を表現します。

ひらひらくん

作詞・作曲／新沢としひこ

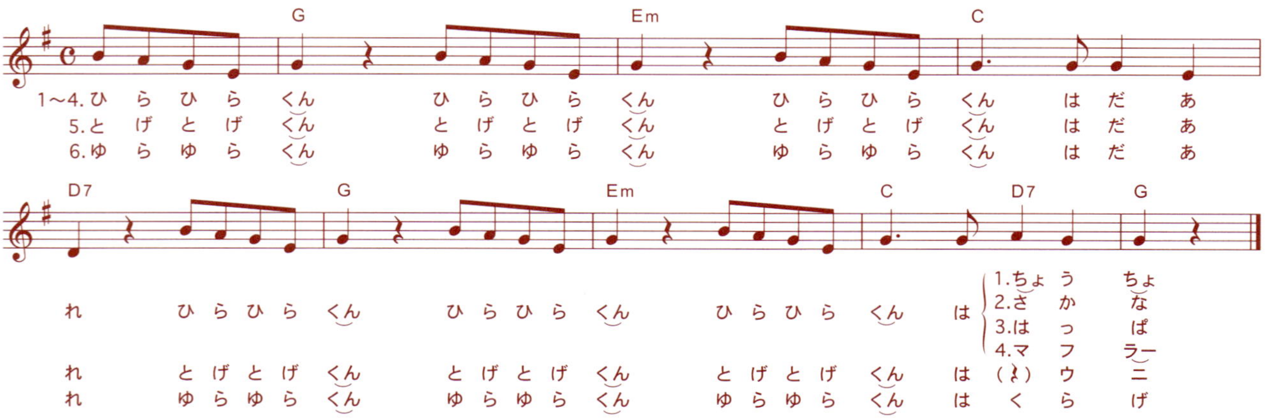
G Em C
1〜4. ひ ら ひ ら く ん ひ ら ひ ら く ん ひ ら ひ ら く ん は だ あ
5. と げ と げ く ん と げ と げ く ん と げ と げ く ん は だ あ
6. ゆ ら ゆ ら く ん ゆ ら ゆ ら く ん ゆ ら ゆ ら く ん は だ あ
D7 G Em C D7 G
れ ひ ら ひ ら く ん ひ ら ひ ら く ん ひ ら ひ ら く ん は
1. ちょ う ちょ
2. さ か な
3. は っ ぱ
4. マ フ ラー
れ と げ と げ く ん と げ と げ く ん と げ と げ く ん は ( ) ウ ニ
れ ゆ ら ゆ ら く ん ゆ ら ゆ ら く ん ゆ ら ゆ ら く ん は く ら げ

基本のあそび方

1番

1 ♪ひらひらくん

体の右横で両手てのひらをひらひら動かします。

2 ♪ひらひらくん

左横で両手てのひらをひらひら動かします。

3 ♪ひらひらくんは　だあれ

1、2を繰り返します。

4 ♪ひらひらくん
ひらひらくん
ひらひらくんは

1、2、1を繰り返します。

5 ♪ちょうちょ

両手の親指を交差させ、「ちょうちょ」を作り、ひらひら動かします。

2番

（1～4は1番と同じようにします）

5 ♪さかな

右横に両手てのひらを出し親指以外の4本の指はそろえて、魚を作り、泳いでいるようにひらひら動かします。

かかわりポイント

●5の「♪ちょうちょ」「♪さかな」の作り方は自由です。いろいろ工夫してみましょう。たとえば、「ちょうちょ」なら、両手の親指を交差させ、てのひらを内側にしたり、腕全体を動かしたりしてもいいでしょう。

てのひらを内側に

腕全体で

いろんな
ちょうちょがいると、
楽しいよね。
楽しいちょうちょを
考えてみて！

アレンジ1　3 4 5

ほかにひらひらしている物はないか、みんなで考えてみましょう。

5 ♪はっぱ

てのひらをひらひらさせながら、上から下に落ち葉が落ちていくように下ろしていきます。

5 ♪マフラー

腕を左横に伸ばし、てのひらをひらひらさせ、風になびいているようにする。

かかわりポイント

●連想するのは「ひらひら」の言葉からでも、手の動きからでもOKです。自由に考えてみましょう。

アレンジ2　3 4 5

「ひらひらくん」を「とげとげくん」「ゆらゆらくん」「ふわふわくん」「もじょもじょくん」などいろいろ変えてあそんでみましょう。
＊振りのポイントのみ紹介します。

とげとげくん

1 ♪とげとげくん

横に両手を出し、手を開いたり閉じたりします。

5 ♪ウニ

両手を左右に出し、手を開いたり閉じたりします。

ゆらゆらくん

1 ♪ゆらゆらくん

横に両手をそろえて出し、力を抜いてゆらゆら動かします。

5 ♪くらげ

両手を体の前で、ゆらゆら動かします。

ふわふわくん

1 ♪ふわふわくん

横に両手をそろえて出して上げ、ふわふわ動かします。

5 ♪そらのくも

両手を上げて、ふわふわ動かします。

もじょもじょくん

1 ♪もじょもじょくん

横に両手をそろえて出し、もじょもじょ動かします。

5 ♪ケムシ

両手を体の前で、もじょもじょ動かします。

かかわりポイント

- 手だけで、本当にいろいろな表現ができます。「手ってすごい」「おもしろい」と感じながらあそべるよう、子どもの発想をどんどん取り上げ、あそびを広げていきましょう。

グーグーパッパ

CD 18

手あそびの基本になる「グーチョキパー」をふんだんに楽しむあそびです。いろいろなあそび方にチャレンジしてみましょう。

保育のねらいはココ！

2 3

■言葉と手の形の一致を楽しみます。（2 歳児）

■イメージどおりにグーチョキパーを作れる達成感を感じます。（2、3歳児）

■あそびのアレンジを楽しみ、達成感を味わいます。（2、3歳児）

4 5

■アレンジを保育者や友達と一緒に考える楽しさを味わいます。　（4、5歳児）

■右、左を意識し、左右の交互開閉を楽しみます。（5歳児）

■友達と息を合わせてあそぶおもしろさを感じます。（5歳児）

基本のあそび方　3 4 5

歌に合わせてグー、チョキ、パーをします。

グーグーパッパ

作詞・作曲／新沢としひこ

G6
Am
D7
グ ー グ ー パ ッ パ ッ グ ー パ ー グー チョ キ チョ キ グ ー グ ー
G6
C
D7
G6
チョ キ グ ー チョキ パ ッ パ ッ チョ キ チョ キ パ ー チョ キ パー

基本のあそび方

1 ♪グーグー

歌に合わせて、グーを2回作ります。

2 ♪パッパッ

歌に合わせて、パーを2回作ります。

3 ♪グーパーグー

歌に合わせて、グーパーグーを作ります。

4 ♪チョキチョキ

チョキを2回作ります。

5 ♪グーグー

グーを2回作ります。

6 ♪チョキグーチョキ

チョキグーチョキを作ります。

7 ♪パッパッ

パーを2回作ります。

8 ♪チョキチョキ

チョキを2回作ります。

9 ♪パーチョキパー

パーチョキパーを作ります。

かかわりポイント

- 慣れてきたらスピードアップしてあそんでみましょう。
- 「♪チョキチョキパッパッ　チョキパーチョキ」というようにグーチョキパーの組み合わせを変えて楽しんでみましょう。2、4、6小節目は、それぞれ1、3、5小節目での組み合わせの繰り返しというルールを守りながら、組み合わせを作ります。

アレンジ1 2

チョキの組み合わせが入ると、難易度が上がるので、低年齢児は少し優しくアレンジしてあそびましょう。
歌詞も一部替えて、動きと言葉が一致するようにします。

1 ♪グーグーグー

両手ともグーにします。

2 ♪パッパッ

両手ともパーにします。

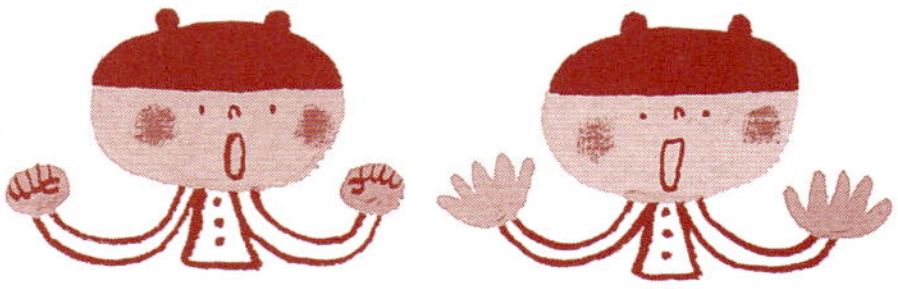

3 ♪グーパーグー

両手を歌詞に合わせてグーパー。

4 ♪チョキチョキ

両手をチョキにします。

5 ♪グーグー

1と同じです。

6 ♪チョキチョキチョキ

チョキを作ります。

7 ♪パッパッ　チョキチョキ

パーを2回、チョキを2回作ります。

8 ♪パーパーパー

両手でパーを作ります。

かかわりポイント

- ●やり切る楽しさが味わえるよう、子どもの様子に合わせて、歌う速さを調節しましょう。
- ●あそび方3は、グーのままでもかまいません。子どもの様子に応じて、変えていきます。
- ●チョキの切り替えに慣れてきたら、少しずつ基本のあそび方に挑戦してもいいし、逆に月齢の低い子が多いクラスなら、チョキを入れないであそんでもいいでしょう。

アレンジ2 5

慣れてきたら、ちょっと難しいあそび方に挑戦してみましょう。右手と左手で違うものを作ります。

1 ♪グーグー

右手がグー、左手がパー。

2 ♪パッパッ

右手がパー、左手がグー。

3 ♪グーパーグー

1、2、1の順に行います。

4 ♪チョキチョキ

右手がチョキ、左手がグー。

5 ♪グーグー

右手がグー、左手がチョキ。

6 ♪チョキグーチョキ

4、5、4の順に行います。

7 ♪パッパッ

右手がパー、左手がチョキ。

8 ♪チョキチョキ

右手がチョキ、左手がパー。

9 ♪パーチョキパー

7、8、7の順に行います。

かかわりポイント

●あそび方を伝える際は、向かい合って行うので、保育者は「鏡スタイル」で見せるほうがわかりやすいでしょう。

いっぽんすじのオバケ

CD 19

保育のねらいはココ！

なんとなくドキドキする「オバケ」と「くすぐりっこ」が出てくるあそびです。やってもらったり、やってあげたりしていろいろなドキドキ感を楽しみます。

0 1 2

■あそんでもらう楽しさを感じ、保育者のかかわりを期待します。（0、1歳児）

■あそびの展開に期待し、わくわく感を楽しみます。（1、2歳児）

■スキンシップの心地よさを感じます。

3 4 5

■友達とふれあう楽しさを感じます。

■やってあげる、やってもらう、それぞれの役割を楽しみます。

■相手の様子に気をつけながら、あそびを工夫します。（4、5歳児）

基本のあそび方 0 1 2 3 4 5

2人組で向い合って座り、一人が相手の手を取ります。0～2歳児の場合は、保育者が子どもにやってあげましょう。

いっぽんすじのオバケ

作詞・作曲／新沢としひこ

Em
Am
Dm
Em
1.いっ ぽん
2.に ほん
3.さん ぼん
4.よん ほん
5.ご ほん
すじの オバケが さかみち おりる ヒュルヒュル ヒュルヒュル ドンドロロン ー
Em
Am
Dm
Em
いっ ぽん
に ほん
さん ぼん
よん ほん
ご ほん
すじの オバケが さかみち のぼる ヒュルヒュル ヒュルヒュル ドンドロロン ー

基本のあそび方

1番

1 ♪いっぽんすじのオバケが　さかみちおりる

人差し指で、相手の肩から腕をなぞって下りてきます。

2 ♪ヒュルヒュルヒュルヒュル　ドンドロロン

人差し指で、てのひらをこちょこちょくすぐります。

3 ♪いっぽんすじのオバケが　さかみちのぼる

人差し指で、相手の腕をだんだん上がっていきます。

4 ♪ヒュルヒュルヒュルヒュル　ドンドロロン

人差し指で、わきの下をこちょこちょくすぐります。

かかわりポイント

- お座りができる前の赤ちゃんの場合には、手でなくてもかまいません。子どもの表情を確認しながら、体のほかの部分でやってあげましょう。
- くすぐられることを嫌がっていないか、子どもの様子を観察しましょう。
- 3～5歳児は、どちらが先にやるか、じゃんけんで決めてもいいでしょう。

アレンジ1 0 1 2 3 4 5

「いっぽんすじ」を「にほんすじ」「さんぼんすじ」とだんだん、増やしてやってみましょう。
「ごほんすじ」だといっぱいくすぐれます。

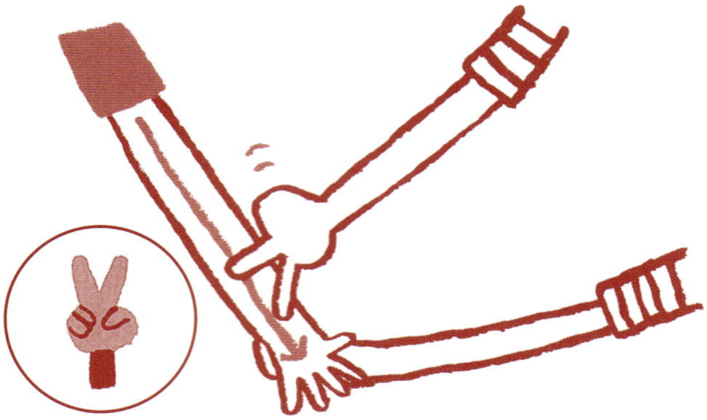

♪にほんすじのオバケが　さかみちおりる～

手をチョキにして、相手の肩から腕をなぞって下りてきて、てのひらをこちょこちょくすぐります。
次はチョキの手で腕を上がって、わきの下をこちょこちょくすぐります。

♪さんぼんすじのオバケが　さかみちおりる～

人差し指、中指、薬指の３本の指で同じようにあそびます。

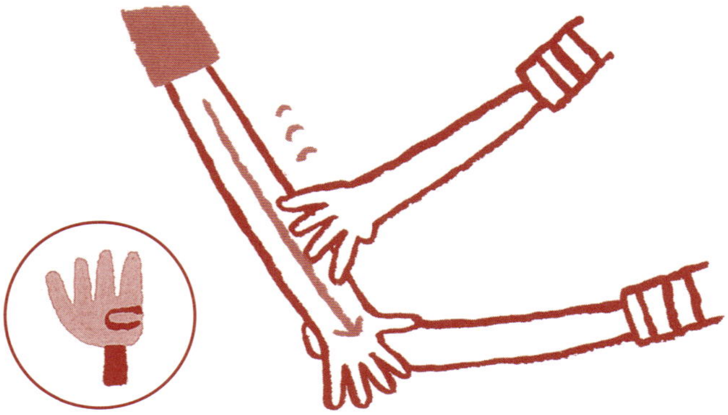

♪よんほんすじのオバケが　さかみちおりる～

人差し指、中指、薬指、小指の４本の指で同じようにあそびます。

♪ごほんすじのオバケが　さかみちおりる～

５本の指全部を使って同じようにあそびます。

かかわりポイント

●だんだん指が増えていくにつれて、くすぐる場面への期待感が高まるよう、ちょっと間を置いたり、くすぐり方に変化をつけたりして進めていきましょう。４、５歳児になると最初は少し手加減をして、といった調節ができるようになります。

アレンジ2　0 1 2 3 4 5

「オバケ」を「ウサギ」「ヘビ」「ネズミ」などに変えてあそんでみましょう。

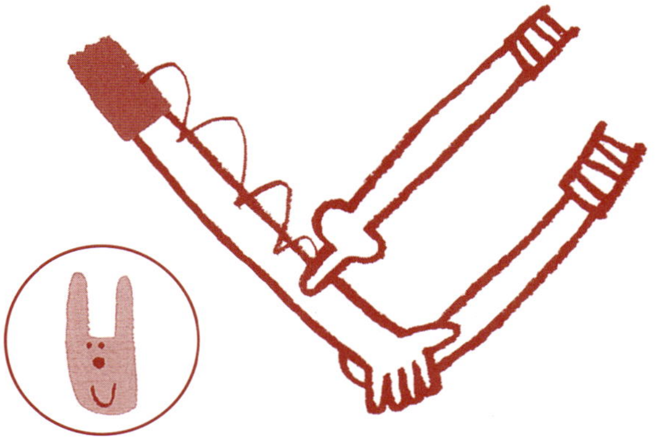

♪いっぽんすじのウサギが　さかみちおりる〜

相手の肩から腕を人差し指でぴょんぴょん跳びながら下りてきて、てのひらをこちょこちょくすぐります。その後、人差し指で、腕をぴょんぴょん上がって、わきの下をコチョコチョくすぐります。

♪いっぽんすじのヘビが　さかみちおりる〜

人差し指で、相手の肩から腕をにょろにょろ伝いながら下りてきて、てのひらをコチョコチョくすぐります。その後、人差し指で、腕をにょろにょろ上がって、わきの下をこちょこちょくすぐります。

♪いっぽんすじのネズミが　さかみちおりる〜

人差し指で、相手の肩から腕を小刻みにつつきながら下りてきて、てのひらをこちょこちょくすぐります。その後、人差し指で、腕をつつきながら上がって、わきの下をこちょこちょくすぐります。

かかわりポイント

- 低年齢児は、子どもの様子を見ながら、同じ動きを繰り返すなど、あそんでもらう楽しさを十分に感じられるよう配慮しましょう。
- ほかの動物を考えてあそんでみましょう。指だけでいろいろな動物の歩き方ができるおもしろさが感じられるといいです。

おでかけヘビさん

CD 20

保育のねらいはココ！

0 1 2

- ■やってもらう楽しさを感じます。
- ■あいさつのやり取りを楽しみます。（1、2歳児）
- ■同じようなイメージをもってあそぶ楽しさを感じます。（2歳児）

3 4 5

- ■友達とイメージを共有してあそびます。
- ■しなやかな腕の動きをイメージして、自分の体に興味をもちます。
- ■よく動く、動きにくいなど、自分の腕の動きの状態を知ります。（5歳児）

腕を道やヘビに見立てて、友達とあそびましょう。ふだんあまりしたことがない腕の動きが新鮮です。

基本のあそび方　1 2 3 4 5

２人組になり、１人が道の役を、もう1人がヘビの役になります。ヘビ役の子は、道役の子の手を取って、腕を道に見立て、自分の腕を相手の子の腕にからませます。交代して繰り返してあそびましょう。

おでかけヘビさん

作詞・作曲／新沢としひこ

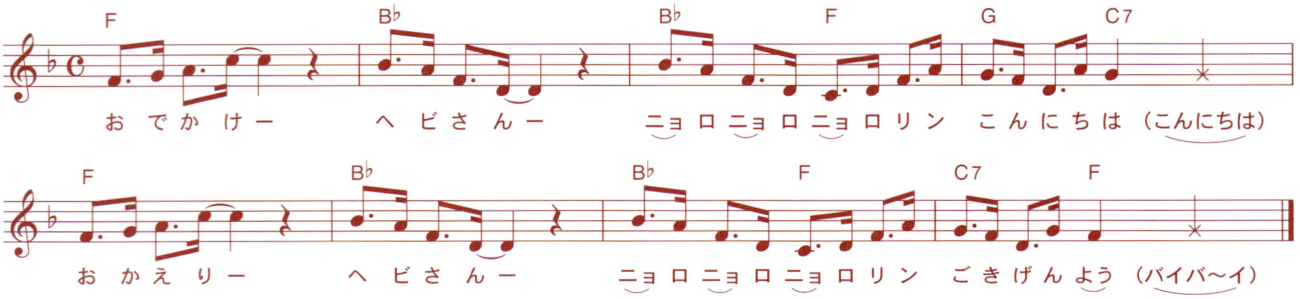
F　B♭　B♭　F　G　C7
おでかけー　へビさんー　ニョロニョロニョロリン　こんにちは（こんにちは）
F　B♭　B♭　F　C7　F
おかえりー　へビさんー　ニョロニョロニョロリン　ごきげんよう（バイバ〜イ）

基本のあそび方

1 ♪おでかけ　ヘビさん
ニョロニョロニョロリン

歌いながら、道に見立てた腕に、自分の腕をからませながら上っていきます。

2 ♪こんにちは（こんにちは）

あいさつをやり取りした後、手でわきの下をくすぐります。

3 ♪おかえり　ヘビさん
ニョロニョロニョロリン
ごきげんよう

歌いながら、相手の腕に自分の腕をからませながら下りていきます。

4 ♪（バイバーイ）

「バイバーイ」と言って、2人で手を振ります。

かかわりポイント

- ●1、2歳児は保育者がヘビ役になって、子どもにやってあげましょう。
- ●3、4、5歳児も、ときには保育者がやってあげましょう。腕が緊張している子、だらっとしている子など、子どもの体の様子が見えてきます。
- ●ヘビの役の子の動きもよく観察してみましょう。スムーズに腕を上っていく子と、かくかくしながら上っている子といます。

アレンジ1 0

寝ている赤ちゃんにもやってあげましょう。

人差し指で体の上を、くねくね上ったり下ったりします。「こんにちは」「バイバーイ」のところでは、体をつんつんとつついてみましょう。

かかわりポイント

●目と目を合わせてあそびます。子どもの反応に応じて、上り下りの速さや、つつく場所を配慮しましょう。

アレンジ2 4 5

両手を使ってあそんでみましょう。

基本のあそび方と同じように道の役の子と、ヘビの役の子を決めます。道役の子の2本の腕を、ヘビの子の2本の手が上ったり、下ったりします。

ニョロ ニョロ
ニョロ ニョロ

かかわりポイント

●片手では簡単だったことが、両手になると難しくなります。その難しさを楽しめるよう、言葉をかけてきましょう。

右手はヘビになって
上っていくのに、
左手は動かず、後からあわてて
上っていく、なんていうことが
あっても大丈夫だよ！

アレンジ3 4 5

大勢であそんでみましょう。

輪を作り、全員右手をヘビ、左手を道にします。それぞれ、右隣の友達の腕をくねくね上っていきましょう。
最後の「バイバーイ」で手を振ります。要領がわかったら、左右逆にして、あそんでみましょう。

かかわりポイント

●片手しか動かないバージョンです。今度は両手共に動いてしまうかもしれません。右手がヘビのときは大丈夫だったけど、左手がヘビになったら、一緒に右手も動いてしまうかもしれません。「できた」「できない」ではなく、自分の腕について知ることがポイントです。

ぺたぺたぺったん

CD 21

保育のねらいはココ！

もちつきをイメージした手あそびです。リズミカルな動きの繰り返しを楽しみましょう。

0 1 2

■保育者にやってもらう心地よさや、やり取りの楽しさを感じます。
■「ぺたぺた」「ぺったん」など、歌詞の語感を楽しみます。

3 4 5

■リズムに乗って手を動かすあそびの楽しさを感じます。
■友達にタッチしたり、タッチしてもらったりするやり取りを楽しみます。
■もちつきのイメージを共有してあそびます。

基本のあそび方　3 4 5

床やいすに座ってあそびます。ひざと頭のタッチは1人ずつ、肩と背中のタッチはペアであそびましょう。

ぺたぺたぺったん

作詞・作曲／新沢としひこ

F6
C
1. ぼーくのひーざで
2. わたしのあたまで
3. きーみのかーたで
4. あなたのせなかで
もちをついた　ぺったんぺったん　ぺたぺたぺったん
F6
C
F
ひっくりかえして　もちをついた　ぺったんぺったん　ぺたぺたぺったん

基本のあそび方

ひざタッチ

1 ♪ぼー

両手のてのひらを下にして重ねます。

2 ♪くの

下の手だけ下ろして、ひざにタッチします。

3 ♪ひーざで～ぺったん

1、2を繰り返し行います。

4 ♪ぺ

ここからリズムが倍の速さにします。下の手を戻し、両手を重ねます。

5 ♪た

2と同様に下の手だけおろして、ひざにタッチします。

6 ♪ぺた

4、5をもう一度行います。

7 ♪ぺったん

リズムを戻し、1、2をもう一度行います。

**8 ♪ひっくりかえして
～ぺたぺたぺったん**

1～7を繰り返します。

頭タッチ

1 ♪わた

両手のてのひらを下にして、頭の上で重ねます。

2 ♪しの

下の手だけ下ろして、頭にタッチします。

**3 ♪あたまで　もちついた
ぺったんぺったん**

1～2を繰り返します。

**4 ♪ぺたぺたぺったん
～ぺたぺたぺったん**

1番の4～7と同様のやり方で頭にタッチします。

肩タッチ

1

♪きー

２人組で向かい合わせになり、１人はてのひらを相手に向けて両手を重ねます。

2

♪みの

片手を前に出して、相手の肩に手にタッチします。

3

**♪かたで　もちついた
ぺったんぺったん**

1〜2を繰り返します。

4

**♪ぺたぺたぺったん
〜ぺたぺたぺったん**

1番の4〜7と同様のやり方でもう片方の肩にタッチします。

背中タッチ

1

♪あな

２人組で同じ向きに座り、後ろの人がてのひらを前の人に向けて両手を重ねます。

2

♪たの

片手を前に出して、前の人の背中をタッチします。

3

**♪せなかで　もちついた
ぺったんぺったん**

1〜2を繰り返します。

4

**♪ぺたぺたぺったん
〜ぺたぺたぺったん**

1番の4〜7と同様のやり方で背中をタッチします。

かかわりポイント

- 要領がわかるまでは、ゆっくり行います。
- 3歳児は、みんなであそぶときは、ひざと頭だけに限定してもいいでしょう。2人組で行うあそびは、保育者と子どもが1対1になりやすい登園時や午睡明けなどの場面で楽しむのも一つの方法です。
- 「♪ひっくりかえして」のところで、重なっている手を上下入れ替えて、タッチする手を変えるなどアレンジしてみましょう。

アレンジ1　0 1 2

保育者が子どもの体でやってあげます。子どもは座っていても、寝ていても大丈夫です。

♪ひざこぞう
ぺったん
♪てのひら
ぺったん

かかわりポイント

- タッチする部位は、子どもの月齢や様子に応じて変え、あわせて歌詞を替えるといいでしょう。
- タッチが強すぎないか、子どもの表情で確認しながらあそびます。

アレンジ2　4 5

1列や輪になって、前の人の肩や背中をタッチしてあそびます。

かかわりポイント

- みんながリズムに合っていないと、背中で感じるリズムと自分が前の人にタッチするリズムがずれてきます。両方がピタッと合う気持ちよさを感じられるうよう、最初はゆっくり行い、徐々にスピードを上げていきましょう。

あしたが

CD 22

保育のねらいはココ！

3

■3拍子のリズムを体で感じます。
■うまくできたときの達成感を味わいます。

4 5

■3拍子のリズムに乗って手を動かす楽しさを感じます。
■友達と一緒に少し難しいやり方に挑戦するおもしろさを感じます。
■うまくいったときの達成感や喜びを友達と共有します。

簡単な3拍子（ワルツ）の歌です。リズムあそびを通してふれあう楽しさを感じましょう。

基本のあそび方 4 5

輪になり、1拍目は自分の手で、2、3拍目は友達の手の上でリズムを打ちます。

あしたが

作詞・作曲／新沢としひこ

C F G7 C
な にが くる あ さ が くる ひ るが くる よ るが くる
C F G6 C
や って くる や って くる あ し た が

●102 ページに伴奏付き楽譜があります。

基本のあそび方

1 ♪なに

左てのひらを上向けて、右手をかぶせるように重ねます。

2 ♪がくる

右隣の人の左てのひらに、右手を2回重ねます。

3 ♪あさがくる　ひるがくる　よるがくる　やってくる　やってくる　あしたが

1、2を繰り返します。

かかわりポイント

- 慣れてきたら、反対の左隣の人にもやってみましょう。
- 子どもが3拍子を感じられるよう、保育者が歌い方を工夫することがポイントです。

アレンジ1 3 4 5

3拍子に合わせて手拍子します。

1 ♪なに

両手を開いて手拍子の
準備をします。

2 ♪がくる

手拍子を2回します。

**3 ♪あさがくる　ひるがくる
～あしたが**

1、2を繰り返します。

かかわりポイント

- 最初に「ウンパッパ　ウンパッパ」と歌いながら、手拍子をし、3拍子を感じてから、歌い始めるとスムーズです。
- 少しゆっくりめの3拍子から始めてみましょう。

アレンジ2 4 5

基本のあそび方を、友達と向い合って2人組でしてみましょう。

1 ♪なに

左てのひらに、右手を重ねます。

2 ♪がくる

向かい合っている相手の左てのひらに、
自分の右手を2回重ねます。

**3 ♪あさがくる　ひるがくる
～あしたが**

1、2を繰り返します。

かかわりポイント

- 右左逆にしてもあそんでみましょう。相手の右てのひらに左手を重ねます。
- だんだんテンポを速くしていってもおもしろいです。

アレンジ3 4 5

基本のあそび方のアレンジです。手の動きを左右交互にしてあそびます。

1 ♪なに

左てのひらに、右手を重ねます。

2 ♪がく

右隣の人の左てのひらに、右手を1回重ねます。

3 ♪る

手を戻して、左てのひらに、右手を重ねます。

4 ♪あさ

3の手をくるっと上下回転させ、左手を上にします。

5 ♪がく

左隣の人の右てのひらに、左手を1回重ねます。

6 ♪る

手を戻して、右てのひらに、左手を重ねます。

7 ♪ひるがくる　よるがくる～あしたが

1～6を繰り返します。

かかわりポイント

●最初はゆっくりから始め、友達と一緒にリズムを合わせる楽しさを感じられるようにしましょう。

ホイホイ

CD 23

保育のねらいはココ！

2

■保育者のまねをして、リズムに乗る心地よさを感じます。
■手拍子や体への拍子打ちを楽しみます。

3 4 5

■友達と楽しさを共有します。
■いろいろなリズム打ちを経験します。
■難しいリズム打ちに挑戦します。

リズムに合わせて、いろいろな手拍子を打ってみましょう。だんだん難しいリズムにチャレンジです！

基本のあそび方　3 4 5

２人組で向い合ってあそびます。息を合わせて歌いながらやってみましょう。

ホイホイ

作詞・作曲／新沢としひこ
©ask music

F
C7
F
トントンパン　トントンパン　トントンパン　トンホイホイ　トントンパン　トントンパン　トントンパン　トンホイホイ

基本のあそび方

1 ♪トントン

歌に合わせて、手拍子を2回打ちます。

2 ♪パン

両手を出して、相手と打ち合わせます。

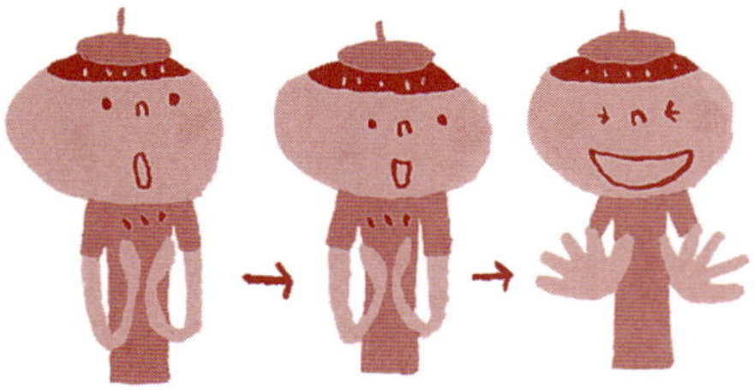

3 ♪トントンパン　トントンパン

1～2を繰り返します。

4 ♪トン

手拍子を1回打ちます。

5 ♪ホイホイ

ひざを曲げて、両手でももを2回たたきます。

6 ♪トントンパン　トントンパン　トントンパン　トンホイホイ

1～5を繰り返します。

かかわりポイント

- 「♪ホイホイ」の部分を変えてあそぶことができます。「♪キラキラ」にして両手を上にあげて、てのひらをひらひらさせたり、「♪ピョンピョン」で跳んだりなど、子どもたちといろいろ考えてみましょう。
- 「♪ホイホイ」は「うまくできた！　満足！」の表現でもあるので、難しくてうまくできなかったときは、ももをたたかず、「フーム」と首をかしげるポーズをしても盛り上がります。

アレンジ1 2 3

1人で楽しむこともできます。

1 ♪トントン

歌に合わせて、手拍子を2回打ちます。

2 ♪パン

ひざを1回たたきます。

3 ♪トントンパン　トントンパン

1〜2を繰り返します。

4 ♪トン

手拍子を1回します。

5 ♪ホイホイ

おなか、またはおしりを2回たたきます。

6 ♪トントンパン　トントンパン
トントンパン　トンホイホイ

1〜5を繰り返します。

かかわりポイント

- 保育者のまねをしながらやってみるよう働きかけます。最初は、1、2の繰り返しでもいいでしょう。
- 子ども自身が「できた！　楽しかった」と思うことを大事にして、子どもの様子に応じたアプローチを工夫しましょう。
- 慣れてきたら、「♪ホイホイ」でたたく場所をあそびの途中で指示して替えても楽しいです。（3歳児）

アレンジ2 4 5

「トントンパン」のところのリズムをいろいろ変えてあそんでみましょう。リズムに合わせて、歌詞も少しずつ変わっていきます。

バリエーション1 ♪トットトンパン

F C7 F
トットトンパン トットトンパン トットトンパン トットホイ ホイ トットトンパン トットトンパン トットトンパン トットホイホイ

バリエーション2 ♪トトットパン

F C7 F
トトットパン トトットパン トトットパン トンホイホイ トトッ トパン トトッ トパン トトット パン トン ホイホイ

バリエーション3 ♪トトトトンパン

F C7 F
トト トトンパン トトトトンパン トト トトンパン トトトパンパン トトトトンパン トトトトンパン トトトトンパン トトトホイホイ

バリエーション4 ♪トントットパン

F C7 F
トントットパン トントットパン トントット パン トン ホイホイ トントットパン トントット パン トントット パン トン ホイ ホイ

かかわりポイント

●リズムが変化していることが分かるように、保育者が見本を見せてから始めましょう。ゆっくりやると、子どもたち自身も変化したリズムがわかりやすいです。

きみとぼくのこころ

CD 24

保育のねらいはココ!

4 5

- ■歌詞の意味を意識しながら歌います。
- ■相手と息を合わせる楽しさを感じ、合ったときの気持ちよさを味わいます。
- ■いろいろなやり方であそべることを体験します。
- ■向かい合わせになったときに自分と相手の左右の位置の逆転を理解します。(5歳児)

みんなで声を合わせて歌いながら、動きを添えましょう。年度末のお別れ会などでの親子あそびとしてもおすすめです。

基本のあそび方 4 5

2人組になって、手を合わせたり、つないだり、たたいたりしてあそびましょう。

きみとぼくのこころ

作詞・作曲／新沢としひこ

F C/E Dm Dm/C B♭ F/A Gm C7
1.て と ー て を ー あ わ ー せ て ー き み と ぼ く の こ こ ろ あ わ せ よ う て と
2.て と ー て を ー つ な ー い で ー き み と ぼ く の こ こ ろ を つ な ご う て と
3.て と ー て を ー た た ー い て ー き み と ぼ く の こ こ ろ を う た お う て と
F C/E Dm Dm/C B♭ F/A Gm7 C7 F
ー て を ー あ わ ー せ て ー き み と ぼ く の こ こ ろ あ わ せ よ う ー
ー て を ー つ な ー い で ー き み と ぼ く の こ こ ろ を つ な ご う ー
ー て を ー た た ー い て ー き み と ぼ く の こ こ ろ を う た お う ー

●103ページに伴奏付き楽譜があります。

基本のあそび方

1番

1 ♪てと

胸の前で手拍子を1回します。

2 ♪ー

お互いの右手を前に出して、
タッチします。

3 ♪てを

1と同様に行います。

4 ♪ー

お互いの左手を前に出して、
タッチします。

5 ♪あわ

1と同様に行います。

6 ♪ー

両手を前に出して、
タッチします。

7 ♪せて

1と同様に行います。

8 ♪ー

指を組んで返し、相手のて
のひらにタッチします。

1～8を
1セットとして、
1番は4セット
繰り返してね。

2番

3 ♪てとてをつないで

1と同様に行います。

1 ♪てとてをつないで

両手をつないで、左右に揺すります。

2 ♪きみとぼくのこころをつなごう

手をつないだまま、右に回ります。

4 ♪きみとぼくのこころをつなごうー

手をつないだまま、左に回ります。

3番

1 ♪てと

胸の前で、左てのひらの上に右手を重ねます。

2 ♪ー

右手を相手の左てのひらの上に重ねます。

3 ♪てをたたいて〜うたおう

1、2を繰り返します。

4 ♪てと

左右の手を上下逆にします。

5 ♪ー

左手を相手の右てのひらの上に重ねます。

6 ♪てをたたいて〜うたおう

4、5を繰り返します

かかわりポイント

- 1番は、少し難しいかもしれません。初めから1〜8を通してするのではなく、1〜4までを繰り返し行うなど、子どもの様子に合わせて工夫してみましょう。
- 5歳児になると、向かい合ったときに、自分の右手と相手の右手の位置が逆になることをわかり始めるようになりますが、その認識は個人差があります。混乱している子には、さりげなく援助しましょう。

アレンジ1 4 5

運動会やお別れ会など、大勢が集まったときには、２人組のところを4人組、全員など、隊形を変えて行ってみましょう。

A: 2人組→4人組

1番

基本のあそび方（１番）と同様に行います。

2番

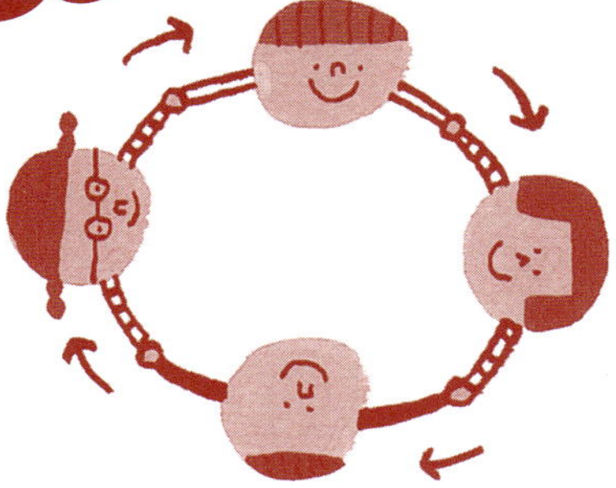

隣の２人組と一緒になり、４人組で基本のあそび方（２番）行います。

3番

基本のあそび方（３番）と同じ要領で、右隣の人の左てのひらの上に右手を重ねます。

B: 全員（大きな輪）

1番

胸前での手拍子と、右隣の人の左てのひらに右手を重ねる動きを繰り返します。

2番 手をつないで前後に揺らしたり、回ったりします。

3番

胸の前での手拍子と、左隣の人の右てのひらに左手を重ねる動きを繰り返します。

かかわりポイント

●Aの1、2番が終わったら、3番はスキップをし、次に一緒にやる相手を探すなど、いろいろ工夫してあそんでみましょう。

伴奏付き楽譜

お別れ会などのイベントなどで歌ったり、あそんだりするのにふさわしい2曲にピアノ伴奏をつけました。ぜひ活用してください。

P.90-P.93

あしたが

作詞・作曲／新沢としひこ
編曲／北山たかあき

G C Cm7 Dm7
な にが くる あ さが くる
G9 Cm7 Cm7
ひ るが くる よ るが くる や って くる
Dm7 G7 C
や って くる あ し た が